Jochim Lichtenberger
Udo Mittrowann

Rechenspiele

Themenbezogene Spielauswahl
für den Primarbereich

Cornelsen
SCHWANN

Für den Gebrauch an Schulen

Bestellnummer 93501
1. Auflage
Druck 5 4 3 2 / 91 90 89 88
Alle Drucke derselben Auflage sind im Unterricht parallel verwendbar.

Vertrieb: Cornelsen Verlagsgesellschaft, Bielefeld
Grafik: V. Kiss-Lehne, Aachen
Gesamtherstellung: Wiesbadener Graphische Betriebe GmbH, Wiesbaden

ISBN 3-590-09350-1

Einige Anmerkungen zum Thema „Lernspiele“

Das Üben im Mathematikunterricht hat wieder einen hohen Stellenwert erhalten. Um einer zu hohen Monotonie entgegenwirken zu können, ist eine methodische Vielfalt unabdingbar. Das Lernspiel ist eine Form, den übenden Teil des Unterrichts interessant und aufgelockert zu gestalten. Mit den vorliegenden Beispielen wollen wir versuchen, die methodische Kompetenz des Lehrers durch erprobte und relativ leicht einsetzbare Beispiele anzureichern. Die Vorschläge sind nach Themenbereichen geordnet und in der Regel durch Kopiervorlagen ergänzt, so daß sich der Vorbereitungsaufwand in Grenzen hält; lediglich einige Spiele erfordern einen größeren Aufwand (z. B. Bekleben und Beschriften von Würfeln). Dieser Aufwand ist aus der jeweiligen Beschreibung des Spiels ersichtlich.
Neben dem oben beschriebenen Einsatzgebiet sind unsere Vorschläge auch durchaus geeignet, kurzfristig angesetzte Stundenplanänderungen geschickt aufzufangen (z. B. Vertretungsstunden). Ein weiteres Einsatzfeld ist der differenzierende Unterricht - so können nach der Rückgabe einer Klassenarbeit Schüler, die mit ihrer Korrektur schnell fertig sind, die verbliebene Zeit mit Rechenspielen eventuell sinnvoll nutzen.
Es erscheint uns wichtig, beim Einsatz von Lernspielen bei den Schülern nicht den Eindruck zu erwecken, daß es sich um Aktivitäten handelt, die eigentlich neben den Pflichten und Anstrengungen des Schulalltags liegen. Es muß den Kindern deutlich werden, daß auch in den Spielen der Mathematikunterricht stattfindet und lediglich die Form der Auseinandersetzung mit den Lerninhalten gewechselt wird. Nur so kann verhindert werden, daß die Schüler diese methodische Variante nach der dann unausweichlichen „Entlarvung“ (wir müssen ja doch rechnen!) ablehnen und die eigentlichen motivierenden Aspekte des Lernspiels verdeckt werden:

1. Die Aktions- und Sozialform des Spiels führt dazu, daß der Lehrer nicht mehr im Mittelpunkt des Geschehens steht, sondern daß die Schüler sich unmittelbar aufeinander beziehen können, daß sie fortwährend Gelegenheit haben, miteinander zu reden, Unklarheiten im Umgang mit Spielregeln zu klären, sich gegenseitig beim Rechnen zu helfen und mit Material wie Würfeln oder Spielkarten umzugehen.
2. Der Wettbewerbscharakter der meisten Spiele stellt mathematische Einzelaktivitäten in einen spannenden Zusammenhang. Zum Gewinn gehört meist nicht nur die Beherrschung von mathematischen Fähigkeiten, sondern oft auch eine ganze Portion Glück, so daß im Gegensatz zu anderen Unterrichtsformen gerade auch die schwächeren Schüler zu Erfolgserlebnissen kommen.
3. Die Kenntnis von (womöglich selbst entdeckten) Gewinnstrategien bringt natürlich eine Überlegenheit mit sich, die auch beim Spielen mit Eltern oder Freunden zu ganz besonderen Erfolgserlebnissen führt.

Aufbau der Spielvorschläge
Die Darstellung der Spielvorschläge gliedert sich in der Regel in 8 Punkte:
Der *Themenbereich* gibt an, in welchem inhaltlichen Zusammenhang das Spiel Verwendung finden kann. Der *Name* des Spiels stellt häufig einen inhaltlichen Bezug zu den Aktivitäten dar, dient aber im wesentlichen der Kommunikation. Unter dem Abschnitt *Material* wird vollständig dargestellt, was für die Durchführung des Spiels pro Gruppe bereitgestellt werden muß. Benötigte Kopiervorlagen befinden sich an der bezeichneten Stelle im Anhang. Aus der Beschreibung geht die vorgeschlagene *Anzahl der Spieler pro Gruppe* hervor, so daß entsprechende unterrichtsorganisatorische Maßnahmen ergriffen werden können. Unter dem Stichwort *Spielverlauf* wird ausführlich (teilweise durch Beispiele und Abbildungen ergänzt) die Vorgehensweise beim Einsatz des Spiels kommentiert. Erforderliche bzw. sinnvolle Vorübungen sind ebenfalls angeführt. Weiterhin werden Vorschläge für die Organisation des *Spielendes* sowie für die Bestimmung des *Siegers* gemacht. Insbesondere diese beiden Punkte sollten aus der jeweils aktuellen Situation heraus flexibel gehandhabt werden. Die meisten Spielbeschreibungen schließen mit dem Abschnitt *Hinweise* ab. Unter diesem Punkt wird auf Variationen, Fortführungen, andere Materialien usw. hingewiesen, um eine möglichst große Variationsbreite herzustellen.

Unübliche Würfel
Bei einigen Spielen kommen Würfel zum Einsatz, die nicht dem Standardrepertoire entsprechen. Diese Würfel können auf zwei Arten hergestellt werden:
1. Runde Selbstklebeetiketten werden entsprechend beschriftet und anschließend auf normale Augenwürfel geklebt.
2. Unbeschriftete weiße Würfel (in Lehrmittel- bzw. Spielwarenhandlungen erhältlich) werden mit einem feinen wasserfesten Folienstift beschriftet.
Alternativ bietet sich als Notlösung eine Kodierungstafel an, auf der den normalen Werten eines Augenwürfels (1 bis 6) die benötigten Werte zugeordnet werden. Die Schüler müssen dann jeweils „übersetzen“.
Insgesamt kommen die folgenden 3 unüblichen Würfel zum Einsatz:
Würfel 1: 3, 3, 13, 13, 21, 21 (d. h., je zwei Seiten sind mit einer 3, einer 13 bzw. einer 21 beschriftet)
Würfel 2: 8, 8, 18, 18, 19, 19 (d. h., je zwei Seiten sind mit einer 8, einer 18 bzw. einer 19 beschriftet)
Würfel 3: 28, 28, 49, 49, 67, 67 (d. h., je zwei Seiten sind mit einer 28, einer 49 bzw. einer 67 beschriftet).

Herstellung von Kartenmaterial
Es empfiehlt sich, kopiertes Kartenmaterial auf farbigen Karton zu kleben und gegebenenfalls mit einer durchsichtigen (matten) Selbstklebefolie zu kaschieren. Wenn jeder Satz in einer anderen Farbe hergestellt wird bzw. auf der Rückseite mit einem eigenen Symbol

gekennzeichnet wird, hat man beim Einsammeln und Sortieren keine Probleme.

Gewinnmarken

Zum Ermitteln des Siegers eines Spieles werden häufig Gewinnmarken benutzt. Hierfür können abgebrannte Streichhölzer, Zählklötzchen, Steckbausteine usw. benutzt werden. Falls nichts derartiges vorhanden sein sollte, kann auch eine Strichliste geführt werden.

Kleiner oder Größer

MATERIAL PRO GRUPPE:
1 Plan pro Spieler (Vorlage 1).
1 Satz Zahlenkarten (Vorlage 19)

ANZAHL DER SPIELER PRO GRUPPE:
zwei bis drei

SPIELVERLAUF:
Jeder Schüler erhält einen Plan, die Zahlenkarten liegen gemischt verdeckt auf dem Tisch. Im Reihumverfahren wird eine Karte aufgedeckt und auf ein freies Feld des eigenen Spielplanes gelegt. Dabei ist darauf zu achten, daß die Relationsvorschriften zwischen den Feldern („kleiner als“ bzw. „größer als“) beachtet werden; (beim Ablegen ist die Wahl des Feldes frei, es müssen also nicht benachbarte Felder besetzt werden.) Kann ein Spieler eine Karte nicht ablegen (siehe nachfolgendes Beispiel), muß er diese zurücklegen und aussetzen.
Aufgedeckt: [6]

□	<	3	<	7	<	25	<	40
∧		∧		∧		∧		∧
8	<	12	<	□	<	□	<	□
∧		∧		∧		∧		∧
□	<	□	<	15	<	□	<	50

Die 6 ist zwar kleiner als 8, aber nicht kleiner als 3, somit paßt sie nicht und muß zurückgelegt werden.

SPIELENDE
ist, wenn ein Spieler seinen Plan vollständig ausgelegt hat bzw. wenn zwei Runden nacheinander kein Spieler ablegen konnte.

SIEGER
ist der Spieler, der bei Spielende die meisten Felder belegt hat.

HINWEISE:
— Es empfiehlt sich, vor der spielerischen Form lediglich das Auslegen des Plans zu üben, um die Struktur zu erfassen.
— Anstelle der vorgebenen Zahlenkärtchen können auch selbstbeschriftete benutzt werden. Dazu erhält jeder Mitspieler 15 leere Karten (Kartonabschnitte o. ä.), die er auf dem Plan verteilt und anschließend entsprechend der Relationsvorschrift beschriftet. Der Zahlenraum wird zuvor festgelegt. Die beschrifteten Karten **aller** Mitspieler werden dann zur Durchführung des oben beschriebenen Spiels benutzt.

Zwei Affen und 60 Bananen

MATERIAL PRO GRUPPE:
Bleistift und Papier

ANZAHL DER SPIELER PRO GRUPPE:
zwei

SPIELVERLAUF:
Auf einer Bananenpalme hängen 60 Bananen. Die beiden Affen klettern abwechselnd hoch, pflücken welche, und zwar bei jedem Hochklettern mindestens eine und höchstens 8 Bananen.
Es ist zweckmäßig, den Spielverlauf in Operatorschreibweise zu notieren:

$$60 \xrightarrow{-5} 55 \xrightarrow{-6} 49 \xrightarrow{-8} 41 \xrightarrow{\dots} \dots \text{ usw.}$$

SPIELENDE
ist, wenn alle Bananen gepflückt sind.

SIEGER
ist derjenige Spieler, der die letzte Banane gepflückt hat.

HINWEISE:
— Es gibt eine Gewinnstrategie für den ersten Spieler.
— Diese Gewinnstrategie kann entdeckt werden, wenn man mit kleineren Zahlen als der 60 beginnt. Auf diese Art und Weise entdeckt man relativ schnell, daß die Zahlen 9, 18, 27 . . . für die Gewinnstrategie von besonderer Bedeutung sind.
— Da maximal 8 Bananen fortgenommen werden dürfen, müssen beim vorletzten Ziehen dem Gegner mehr als 8 Bananen überlassen werden, um gewinnen zu können. Die 9 ist die Anzahl, die - egal wie viele Bananen weggenommen werden - so viele Bananen überläßt, daß im letzten Zug dann der Rest „kassiert“ werden kann. Um diese 9 zu erreichen, ist als Gewinnstrategie das Treffen der Vielfachen von 9 erforderlich.

Nautilus I und II

MATERIAL PRO GRUPPE:
1 Spielplan (Vorlage 2 oder 3), Setzsteine in verschiedenen Farben

ANZAHL DER SPIELER PRO GRUPPE:
zwei bis drei

SPIELVERLAUF:
Die Spieler setzen ihre Spielfiguren auf die drei Startfelder (bei 2 Spielern bleibt ein Startfeld unbesetzt). Im Reihumverfahren rechnen sie nun (nach freier Wahl) einer der beiden Aufgaben auf dem jeweils besetzten Feld (anfangs das Startfeld) und setzen den Spielstein auf das Feld, dessen große Zahl das Ergebnis der gerechneten Aufgabe darstellt. Gelangt ein Spieler auf ein von einem Mitspieler besetztes Feld, so kann er dessen Figur „hinauswerfen“, d. h., auf ein beliebiges benachbartes Feld versetzen.

SPIELENDE
ist, wenn der 1. Spieler das Ziel (100) erreicht hat.

SIEGER
dieses Spiels ist derjenige, der zuerst die (100) erreicht hat.

Immer unter 50

MATERIAL FÜR EINE GRUPPE:
1 Kartenspiel aus 32 Karten (zwei mal Vorlage 4)

ANZAHL DER SPIELER PRO GRUPPE:
Zwei bis vier.

SPIELVERLAUF:
Von den gemischten Karten werden 4 an jeden Mitspieler ausgegeben, die restlichen Karten liegen verdeckt auf einem Stapel. Die Spieler nehmen die Karten aufgefächert in die Hand. Der erste Spieler nennt eine Zahl unter 50 und legt eine Karte aus seinem Kartenvorrat offen auf den Tisch. Entsprechend der Angabe auf seiner Karte addiert oder subtrahiert er den angegebenen Wert zu bzw. von der ihm genannten Zahl und nennt das Ergebnis. Dieses Ergebnis ist jetzt die Ausgangszahl für den nächsten Spieler. Im Reihumverfahren wird jeweils eine Karte aus dem in der Hand befindlichen Kartenvorrat offen auf den Tisch gelegt und entsprechend der Anweisung auf der jeweiligen Karte weitergerechnet. Nachdem ein Spieler eine Karte abgelegt hat, die Rechenaufgabe vorgerechnet und das Ergebnis genannt hat, zieht er von dem verdeckten Kartenstapel die obere Karte. Somit haben die Spieler immer vier Karten auf der Hand.
Auf einigen Karten befinden sich alternativ zwei Operationen. Der ausspielende Schüler kann dann jeweils entscheiden, welche der beiden Rechnungen er durchführen möchte. Die P-Karten halten das zuletzt errechnete Ergebnis fest, haben also die Wirkung „+ 0“.

SPIELENDE
ist, wenn nach dem Ablegen der Karte ein Ergebnis von 50 oder mehr errechnet wurde.

VERLIERER
dieses Spiels ist derjenige, der diese Karte abgelegt hat.

HINWEISE:
- Durch den geschickten Einsatz der Subtraktions-, Alternativ- und P-Karten kann versucht werden, das Ergebnis immer möglichst dicht an die 50 heranzutreiben, so daß ein Spieler, der nur noch Additions-Karten hat, keine Chance hat, noch unter 50 zu bleiben.
- Sollte der verdeckte Kartenstapel aufgebraucht sein, werden die offen abgelegten Karten gemischt und als neuer Stapel benutzt.
- Die Spielregel kann auch dahingehend abgewandelt werden, daß eine bestimmte Zahl (z. B. die 50) genau erreicht werden muß. Ein Überschreiten dieser Zahl ist dann durchaus zulässig. Für das Erreichen dieser Zahl kann dann jeweils ein Gewinnpunkt notiert werden und das Spiel beliebig lange fortgesetzt werden.

SIEGER
ist dann derjenige Spieler, der bei Spielende (Ablauf der zuvor festgelegten Spielzeit) die meisten Gewinnpunkte hat.

X oder U

MATERIAL PRO GRUPPE:
4 Pläne (Vorlage 5), 48 Karten (Vorlage 6)

ANZAHL DER SPIELER PRO GRUPPE:
drei bis vier

SPIELVERLAUF:
Jeder Spieler erhält einen der vier Pläne, die Karten werden gemischt und verdeckt auf einem Stapel in die Tischmitte gelegt. Im Reihumverfahren decken die Schüler jeweils die oberste Karte auf und lesen die Aufgabe (nicht das Ergebnis!), die auf der Karte steht, laut vor. Wer von den Mitspielern das richtige Ergebnis zuerst nennt, bekommt diese Karte. Er prüft jetzt nach, ob auf seinem Plan dieses Ergebnis vorhanden ist und legt diese Karte dann verdeckt auf das entsprechende Feld. Andernfalls wird die Karte wieder verdeckt unter den Stapel geschoben. Es ist das Ziel, ein aus fünf abgedeckten Feldern bestehendes U oder X zu erzeugen.

X:

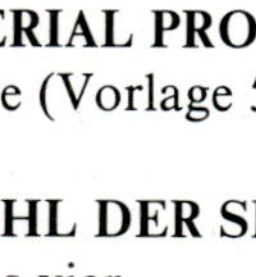

U:

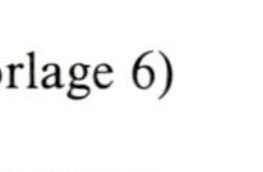

Die Entscheidung darüber, ob sich ein X oder ein U ergibt, ist ebenso von der Zufälligkeit des Spielverlaufs abhängig, wie die Lage dieser beiden Buchstaben. Deshalb dürfen auch mehr Felder abgedeckt sein, als zum Erzeugen eines der Buchstaben erforderlich sind.

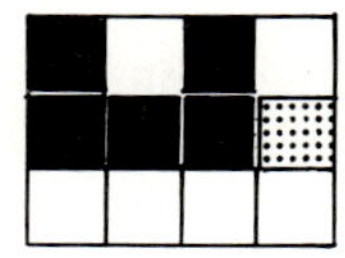

SPIELENDE
ist, sobald auf einem der Pläne eine der oben beschriebenen Konfigurationen erscheint.

SIEGER
dieses Spiels ist derjenige, auf dessen Plan die Figur gelegt ist.

HINWEIS:
Das Spiel kann allerdings auch weiter gespielt werden, bis der zweite, dritte oder vierte Sieger festgestellt wird. Es bleiben dann aber alle Spieler weiterhin am Spielgeschehen beteiligt. Sie können durch richtiges und schnelles Rechnen den Spielverlauf entscheiden und beeinflussen.

Zauberquadrat I

MATERIAL PRO SPIELER:
1 Neunerfeld und 1 Satz Karten (Vorlage 7)

EINZELSPIEL

SPIELVERLAUF:
Ein Zauberquadrat besteht aus quadratisch angeordneten Zahlen, wobei Zeilen, Spalten und Diagonalen jeweils die gleiche Summe ergeben.
Die Schüler versuchen, die neun ausgeschnittenen Zahlen so auf dem Plan anzuordnen, daß ein Zauberquadrat in der eben beschriebenen Form entsteht. Die jeweils zu erzielende Summe ist als Zauberzahl zusätzlich auf der Vorlage angegeben.

HINWEISE:
- Die Schüler können aufgefordert werden, selbst Zauberquadrate zu entwickeln.
- Die Zauberquadrate können auch als Gemeinschaftsarbeit von mehreren Schülern gelegt werden.

Domino - Puzzles I

MATERIAL PRO SPIELER:
1 handelsübliches Domino-Spiel oder (Vorlage 8)

EINZELSPIEL

SPIELVERLAUF:
1.) 4 oder 6 Steine sollen so zu „Fenstern“ zusammengelegt werden, daß die senkrechten und waagerechten Reihen jeweils die gleiche Augensumme ergeben.

Beispiele: (4 Steine)

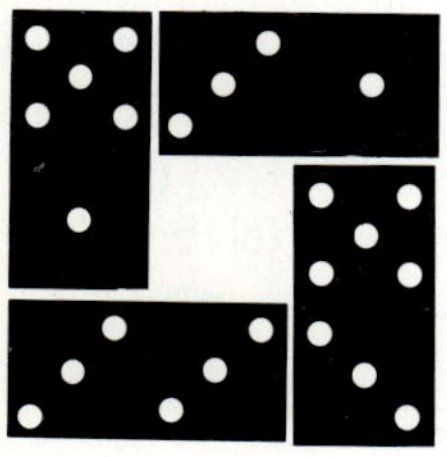

Summe : 9

Summe: 12

(6 Steine)

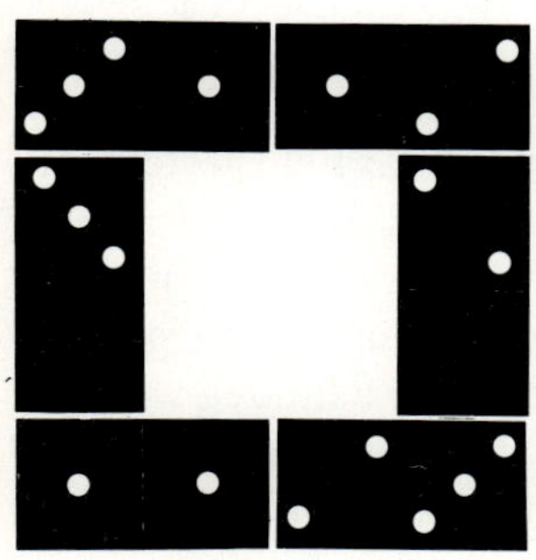

Summe: 7

Summe: 13

2.) 8 Steine sollen so zu „Zauberquadraten“ zusammengelegt werden, daß die senkrechten und waagerechten Reihen und die beiden Diagonalen jeweils die gleiche Augensumme ergeben.

Beispiele:

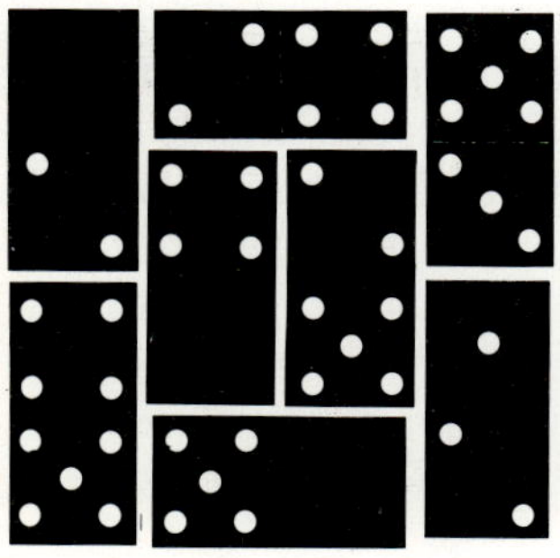

Summe: 11

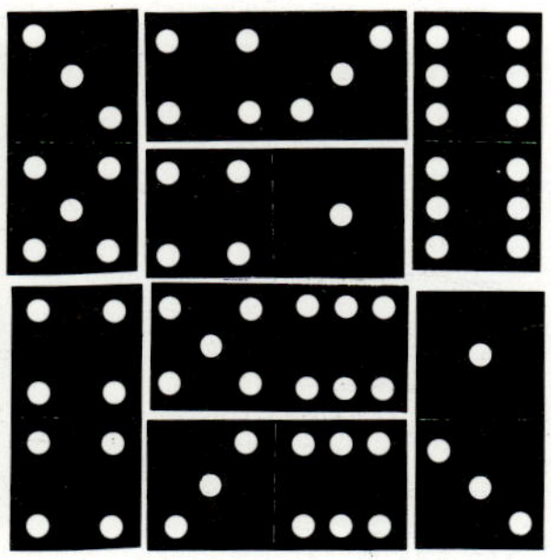

Summe: 16

HINWEISE:
— Mit 4 Steinen findet man Lösungen zu den Augensummen 3, 4, 5, ... 12, 16,
mit 6 Steinen findet man Lösungen zu den Augensummen 5, 6, 7, ... 14,
— mit 8 Steinen findet man Lösungen zu den Augensummen 8, 9, 10, ... 16.
(Oft sind mehrere Lösungen möglich).
— Die 28 Steine eines Domino-Spiels lassen sich in 7 Viererfenster anordnen. (Augensummen, 3, 6, 8, 9, 9, 10, 16.)

Quadratdomino

MATERIAL PRO GRUPPE:
30 Karten (Vorlagen 9)

ANZAHL DER SPIELER PRO GRUPPE:
zwei bis vier

SPIELVERLAUF:
Die Karten werden offen auf den Tisch gelegt. Die Spieler legen die Karten so aneinander, daß immer eine Aufgabe an eine passende Zahl (Ergebnis) gelegt wird oder umgekehrt. Dabei kann in alle vier Richtungen angelegt werden. Die Anlegeregel muß auch berücksichtigt werden, wenn eine Karte mehrere andere berührt. Das kann geschehen, wenn diese Karte in eine Ecke oder eine Ausbuchtung oder ein Loch gelegt wird. Bei glücklicher und geschickter Anlegeweise ist es möglich, die Karten zu einem dichten Rechteck zusammen zufügen. Diese Vorgehensweise ist allerdings recht zeitaufwendig.

SPIELENDE
ist, wenn alle Karten verbraucht sind.

SIEGER
gibt es bei diesem Gemeinschaftsspiel nicht.

HINWEIS:
Mit demselben Material kann auch ein Wettspiel durchgeführt werden. Dazu werden die Karten gemischt und gleichmäßig an die Spieler verteilt. Reihum legen die Spieler je eine Karte an die andere (Anlegeregel siehe oben). Kann ein Spieler keine von seinen Karten anlegen, muß er warten, bis er in der nächsten Runde eventuell eine Karte ablegen kann.

SPIELENDE
ist, wenn ein Spieler seinen Kartenvorrat verbraucht hat.

SIEGER
ist der Spieler, der zuerst seinen Kartenvorrat verbraucht hat.

Der fragwürdige Lindwurm I

MATERIAL PRO GRUPPE:
1 Spielplan (Vorlage 10), 1 Satz Ereigniskarten I (Vorlage 11), pro Spieler ein Setzstein in verschiedenen Farben, Gewinnmarken, 1 Würfel mit der folgenden Beschriftung: 8, 8, 18, 18, 19, 19 (bezüglich der Verwendung „unüblicher" Würfel befinden sich im Vorwort zu diesem Buch einige Anmerkungen).

ANZAHL DER SPIELER PRO GRUPPE:
zwei bis fünf

SPIELVERLAUF:
Alle Spieler stellen ihren Setzstein auf das Startfeld 7. Im Reihumverfahren wird mit dem oben beschriebenen Würfel gewürfelt. Der geworfene Wert wird zu dem jeweiligen Standort (anfangs die 7) hinzuaddiert. Der Setzstein wird dann auf das Feld gestellt, auf dem das errechnete Ergebnis notiert ist. Für den Fall, daß ein erreichtes Ergebnis nicht auf dem Spielplan vorhanden ist, muß der Setzstein auf ein Feld mit einem Fragezeichen gesetzt werden, das an der Stelle steht, an der sonst das Ergebnis stehen könnte. Der Schüler deckt jetzt eine Ereigniskarte auf - die Ereigniskarten liegen als verdeckter Stapel auf dem Feld mit dem großen Fragezeichen - , rechnet die Aufgabe laut vor und nennt das Ergebnis. Die übrigen Schüler kontrollieren das Ergebnis. Hat der Spieler richtig gerechnet, darf er ein Feld vorrücken, im anderen Fall muß er ein Feld zurückgehen.

<u>Beispiel dafür:</u>
Ein Spieler steht auf der 23 und würfelt eine 8. Ein Feld mit dem Ergebnis 31 ist nicht vorhanden, hingegen ein Fragezeichenfeld zwischen 26 und 33. Da auch das Ergebnis zwischen 26 und 33 liegt, muß der Setzstein auf dieses Fragezeichenfeld gestellt werden.
Nach Erreichen des Zielfeldes 97 erhält der Spieler eine Gewinnmarke und beginnt erneut auf dem Startfeld 7. Die 97 muß genau erreicht werden, ein Überwürfeln ist also nicht zulässig. In diesem Fall muß in der nächsten Runde erneut gewürfelt werden. Dieser Vorgang wird so oft wiederholt, bis das Zielfeld exakt erreicht wird.

SPIELENDE
ist nach Ablauf der vereinbarten Spielzeit.

SIEGER
ist derjenige Spieler, der bei Spielende die meisten Gewinnmarken hat. Bei Gleichstand entscheidet der Standort bei Spielende darüber, wer gewonnen hat.

HINWEISE:
Anstelle der Ereigniskarten können sich die Schüler gegenseitig Aufgaben stellen. Kommt ein Spieler auf in Fragezeichenfeld, stellt der links neben ihm sitzende Spieler eine Aufgabe. Im übrigen gelten die oben beschriebenen Regeln.

Nürburgring I

MATERIAL PRO GRUPPE:
1 Spielplan (Vorlage 12), pro Spieler 1 Setzstein in verschiedenen Farben, Gewinnmarken, 1 Würfel mit der folgenden Beschriftung: 3, 3, 13, 13, 21, 21 (bezüglich der Verwendung „unüblicher" Würfel befinden sich im Vorwort zu diesem Buch einige Amerkungen).

ANZAHL DER SPIELER PRO GRUPPE:
zwei bis fünf

SPIELVERLAUF:
Alle Spieler stellen ihren Setzstein auf das Startfeld [20] . Im Reihumverfahren wird mit dem oben beschriebenen Würfel gewürfelt. Der geworfene Wert wird zu dem jeweiligen Standort (anfangs 20) hinzuaddiert. Der Setzstein wird dann auf das Feld gestellt, auf dem das errechnete Ergebnis notiert ist. Für den Fall, daß ein erreichtes Ergebnis nicht auf dem Spielplan vorhanden ist, muß der Setzstein auf ein Ereignisfeld gesetzt werden, das sich an der Stelle befindet, wo sonst das Ergebnis zu suchen wäre. Der auf diesem Ereignisfeld vorgegebene Auftrag muß durchgeführt werden.

<u>Beispiel:</u>
Ein Spieler steht auf Feld [39] und würfelt eine 3. Das Ergebnis 42 ist auf dem Spielplan nicht vorhanden, aber ein Ereignisfeld zwischen [41] und [44] . Da auch das Ergebnis zwischen 41 und 44 liegt, muß der Setzstein auf dieses Ereignisfeld gesetzt werden. Der Hinweis „rücke 1 Feld vor und setze einmal aus" ist zu befolgen, d. h., der Setzstein kommt auf das Feld mit der 44 und in der nächsten Runde hat dieser Spieler einmal mit Würfeln auszusetzen.
Beim Erreichen des Zielfeldes (Ergebnis der Rechnung ist gleich 94 oder größer als 94) ist eine Runde „gefahren". Der jeweilige Spieler erhält dafür eine Gewinnmarke und startet erneut auf dem Feld [20] .

SPIELENDE
ist nach Ablauf der zuvor vereinbarten Spielzeit.

SIEGER
ist derjenige Spieler, der bei Spielende die meisten Gewinnmarken hat. Bei Gleichstand entscheidet der jeweilige Standort bei Spielende.

HINWEISE:
Anstelle der Gewinnmarken kann auch mit einer Strichliste gearbeitet werden, bei der für jede durchfahrene Runde ein Strich verzeichnet wird.

Pferderennen I

MATERIAL PRO GRUPPE:
1 Spielplan (Vorlage 13), pro Spieler ein Setzstein in verschiedenen Farben, Gewinnmarken, Würfel mit der folgenden Beschriftung 3, 3, 13, 13, 21, 21 (bezüglich der Verwendung „unüblicher" Würfel befinden sich im Vorwort zu diesem Buch einige Anmerkungen).

ANZAHL DER SPIELER PRO GRUPPE:
zwei bis fünf

BESONDERE SPIELVORBEREITUNGEN:
Es muß zunächst entschieden werden, ob das Spiel für die Addition oder die Subtraktion benutzt werden soll. Die Vorgehensweise wird hier für die Addition beschrieben (für die Subtraktion gelten die Anregungen entsprechend umgekehrt).

- Die dicken Striche im Inneren des Spielfeldes sind zu Pfeilen zu ergänzen (Pfeilspitze zeigt bei der Addition gegen den Uhrzeigersinn).
- Das Feld 13 muß als Startfeld, das Feld 87 als Zielfeld gekennzeichnet werden.

SPIELVERLAUF:
Alle Spieler stellen ihren Setzstein auf das Startfeld [13]. Im Reihumverfahren wird mit dem oben beschriebenen Würfel gewürfelt. Der geworfene Wert wird zu dem jeweiligen Standort (anfangs 13) hinzuaddiert. Der Setzstein wird dann auf das Feld gestellt, auf dem das errechnete Ergebnis notiert ist. Für den Fall, daß ein erreichtes Ergebnis nicht auf dem Spielplan vorhanden ist, muß der Spieler auf seinem Feld stehenbleiben.

Beispiel: Ein Spieler steht auf [39] und würfelt eine 13. Das Ergebnis 52 ist auf dem Spielplan nicht vorhanden, der Setzstein bleibt auf dem Feld mit der 39 und in der nächsten Runde kann dieser Spieler erneut würfeln.
Beim Erreichen des Zielfeldes (Ergebnis der Rechnung ist gleich 87 oder größer als 87) ist eine Runde „gelaufen". Der jeweilige Spieler erhält dafür eine Gewinnmarke und startet erneut auf dem Feld 13.

SPIELENDE
ist nach Ablauf der zuvor vereinbarten Spielzeit.

SIEGER
ist derjenige Spieler, der bei Spielende die meisten Gewinnchips hat. Bei Gleichstand entscheidet der jeweilige Standort bei Spielende.

HINWEIS:
Anstelle der Gewinn- kann auch mit einer Strichliste gearbeitet werden, bei der für jede durchfahrene Runde ein Strich verzeichnet wird.

Rechenschlange I

MATERIAL PRO GRUPPE:
1 Spielplan (Vorlage 14), pro Spieler 1 Setzstein in verschiedenen Farben, Gewinnmarken, 1 Würfel mit der folgenden Beschriftung: 3, 3, 13, 13, 21, 21 (bezüglich der Verwendung „unüblicher" Würfel befinden sich im Vorwort zu diesem Buch einige Anmerkungen).

ANZAHL DER SPIELER PRO GRUPPE:
zwei bis fünf

SPIELVERLAUF
Alle Spieler stellen ihren Setzstein auf das Startfeld [100]. Im Reihumverfahren wird mit dem oben beschriebenen Würfel gewürfelt. Der geworfene Wert wird von dem jeweiligen Standort (anfangs die 100) subtrahiert. Der Setzstein wird dann auf das Feld gestellt, auf dem das errechnete Ergebnis notiert ist. Für den Fall, daß ein erreichtes Ergebnis nicht auf dem Spielplan vorhanden ist, muß der Setzstein auf ein Feld gesetzt werden, das an der Stelle steht, an der sonst das Ergebnis stehen könnte. Der auf diesem Ereignisfeld stehende Auftrag muß durchgeführt werden.
Beispiel dafür: Ein Spieler steht auf [47] und würfelt eine 3. Ein Feld mit dem Ergebnis 44 ist nicht vorhanden, hingegen ein Ereignisfeld zwischen [45] und [42]. Da auch das Ergebnis zwischen den beiden Zahlen liegt, muß der Setzstein auf dieses Feld gestellt werden. Der Hinweis „Rücke ein Feld vor und setze einmal aus" ist zu befolgen; d. h., der Setzstein kommt auf das Feld mit der 42 und in der nächsten Runde hat dieser Spieler einmal mit Würfeln auszusetzen.
Nach Erreichen des Zielfeldes [26] erhält der Spieler eine Gewinnmarke und beginnt erneut auf dem Startfeld [100]. Die 26 muß genau erreicht werden, ein Überwürfeln ist also nicht zulässig. In diesem Fall muß in der nächsten Runde erneut gewürfelt werden. Dieser Vorgang wird sooft wiederholt, bis das Zielfeld exakt erreicht wird.

SPIELENDE
ist nach Ablauf der vereinbarten Spielzeit.

SIEGER
ist derjenige Spieler, der bei Spielende die meisten Gewinnmarken hat. Bei Gleichstand entscheidet der Standort bei Spielende darüber, wer gewonnen hat.

Das große Fragezeichen I

MATERIAL PRO GRUPPE:
1 Spielplan (Vorlage 15), 1 Satz Ereigniskarten I (Vor-

lage 11), pro Spieler 1 Setzstein in verschiedenen Farben, Gewinnmarken, 1 Würfel mit der folgenden Beschriftung: 8, 8, 18, 18, 19, 19 (bezüglich der Verwendung „unüblicher" Würfel befinden sich im Vorwort zu diesem Buch einige Anmerkungen).

ANZAHL DER SPIELER PRO GRUPPE:
zwei bis fünf

SPIELVERLAUF:
Alle Spieler stellen ihren Setzstein auf das Startfeld [90]. Im Reihumverfahren wird mit dem oben beschriebenen Würfel gewürfelt. Der geworfene Wert wird von dem jeweiligen Standort (anfangs die 90) subtrahiert. Der Setzstein wird dann auf das Feld gestellt, auf dem das errechnete Ergebnis notiert ist. Für den Fall, daß ein erreichtes Ergebnis nicht auf dem Spielplan vorhanden ist, muß der Setzstein auf ein Feld mit einem Fragezeichen gesetzt werden, das an der Stelle steht, an der sonst das Ergebnis stehen könnte. Der Schüler deckt jetzt eine Ereigniskarte auf - die Ereigniskarten liegen als verdeckter Stapel auf dem Feld mit dem großen Fragezeichen -, rechnet die Aufgabe laut vor und nennt das Ergebnis. Die übrigen Schüler kontrollieren das Ergebnis. Hat der Spieler richtig gerechnet, darf er ein Feld vorrücken, im anderen Fall muß er ein Feld zurückgehen.

Beispiel dafür: Ein Spieler steht auf der 55 und würfelt eine 8. Ein Feld mit dem Ergebnis 47 ist nicht vorhanden, hingegen ein Fragezeichenfeld zwischen [52] und [46]. Da auch das Ergebnis zwischen 52 und 46 liegt, muß der Setzstein auf dieses Fragezeichenfeld gestellt werden.

Nach dem Erreichen des Zielfelds [0] erhält der Spieler eine Gewinnmarke und beginnt erneut auf dem Startfeld [90]. Die 0 muß genau erreicht werden, ein Überwürfeln ist also nicht zulässig. In diesem Fall muß in der nächsten Runde erneut gewürfelt werden. Dieser Vorgang wird sooft wiederholt, bis das Zielfeld exakt erreicht wird.

SPIELENDE
ist nach Ablauf der vereinbarten Spielzeit.

SIEGER
ist derjenige Spieler, der bei Spielende die meisten Gewinnmarken hat. Bei Gleichstand entscheidet der Standort bei Spielende darüber, wer gewonnen hat.

HINWEIS:
Anstelle der Ereigniskarten können sich die Schüler gegenseitig Aufgaben stellen. Kommt ein Spieler auf ein Fragezeichenfeld, stellt der links neben ihm sitzende Spieler eine Aufgabe. Im übrigen gelten die oben beschriebenen Regeln.

Ein Weg durch die Wabe

MATERIAL PRO GRUPPE:
1 Plan wahlweise I oder II (Vorlage 16), je ein Würfel mit folgenden Beschriftungen: 28, 28, 49, 49, 67, 67 / 3, 3, 13, 13, 21, 21 / 8, 8, 18, 18, 19, 19. (Bezüglich der Verwendung „unüblicher" Würfel befinden sich im Vorwort zu diesem Buch einige Anmerkungen), 2 verschiedene Farbstifte.

ANZAHL DER SPIELER PRO GRUPPE:
zwei oder mehrere, die dann in zwei Mannschaften eingeteilt werden.

SPIELVERLAUF:
- Ein Spieler (eine Mannschaft) kennzeichnet mit seiner Farbe den unteren und oberen Rand. Der andere Spieler (die andere Mannschaft) macht dasselbe mit den beiden seitlichen Rändern.
- Im Wechsel werden alle drei Würfel gleichzeitig geworfen. Die oben liegenden Zahlen dürfen beliebig zueinander addiert bzw. voneinander subtrahiert werden. Dabei können entweder alle drei Zahlen oder auch nur zwei benutzt werden. Ist das vorgerechnete Ergebnis auf dem Plan vorhanden, darf der Spieler (die Mannschaft) das entsprechende Sechseck mit dem entsprechenden Farbstift schraffieren. Bereits schraffierte Felder sind tabu! Durch das Schraffieren ergeben sich im Laufe des Spiels auch aneinander grenzende gleichfarbige Sechsecke. Es ist das Ziel, Sechsecke so zu erobern, daß ein durchgehender Weg zwischen den beiden Rändern der eigenen Farbe hergestellt ist. Dieser Weg kann auch recht kurvenreich sein. Die Abbildung zeigt ein Beispiel:

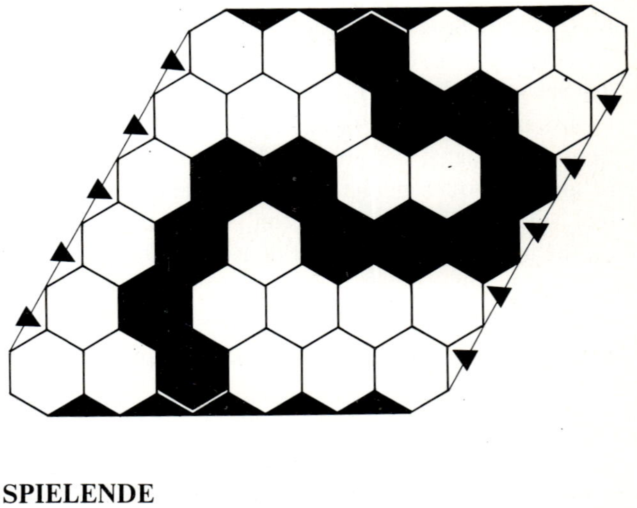

SPIELENDE
ist, wenn es einem Spieler (einer Mannschaft) gelungen ist, eine Verbindungslinie herzustellen. Dieser Spieler (diese Mannschaft) ist dann der

SIEGER
dieses Spiels.

Die schwarze Sieben

KLASSENSPIEL

SPIELVERLAUF:
Die Schüler stehen und zählen der Reihe nach mit 1 beginnend. Die Zahlen müssen schnell und laut aufgesagt werden, es ist aber verboten, die Zahl der Siebenerreihe (7, 14, 21, . . .) zu benutzen. An ihrer Stelle muß das Wort „SCHWARZ“ gesagt werden, also:

„eins, zwei, drei, vier, fünf, sechs, schwarz, acht, neun, zehn, elf, zwölf, dreizehn, schwarz, fünfzehn, . . .“

Wird gegen die Regel verstoßen, eine falsche Zahl genannt oder zu lange gewartet, muß sich der Schüler setzen.

SPIELENDE
ist, wenn nur noch ein Schüler steht. Dieser ist der

SIEGER
des Spiels.

HINWEISE:
— Es können als Regelverschärfung auch die Zahlen als „SCHWARZ“ hinzugenommen werden, in denen eine 7 vorkommt (z. B. 17, 27, 70).
— Statt der 7 kann jede andere Zahl zur Schwarzen Zahl erklärt werden.

Schwarzer Peter I

MATERIAL PRO GRUPPE:
1 Satz Karten (Vorlagen 17)

ANZAHL DER SPIELER PRO GRUPPE:
drei bis vier

BESONDERE SPIELVORBEREITUNGEN:
Aus dem Kartenspiel wird vor Spielbeginn eine Karte gezogen und verdeckt beiseite gelegt.

SPIELVERLAUF:
— Die Karten werden gemischt und gleichmäßig an die Mitspieler verteilt. Jeder Spieler nimmt seinen Kartenvorrat aufgefächert in die Hand.
— Zunächst überprüft jeder Spieler, ob sich „Paare“ in seinem Kartenvorrat befinden. Diese dürfen offen abgelegt werden.
— Der Spieler links vom Kartengeber zieht von seinem rechten Nachbarn, also dem Kartengeber, eine Karte aus dem noch in seiner Hand verbliebenen Kartenvorrat. Wenn er mit dieser Karte ein neues „Paar“ bilden kann, darf er dieses offen ablegen. Andernfalls (oder danach) läßt er seinen linken Nachbarn aus seinem noch in der Hand verbliebenen Kartenvorrat heraus ziehen. Dieser Spieler überprüft jetzt, ob er mit der gezogenen Karte ein neues „Paar“ bilden kann. Diese Vorgehensweise wird im Reihumverfahren fortgeführt. Spieler, die alle Karten abgelegt haben bzw. denen die letzte Karte vom folgenden Spieler gezogen wurde, scheiden aus. Bei korrektem Spielverlauf bleibt eine einzelne Karte übrig. Damit ist das

SPIELENDE
erreicht. Der Spieler, der diese Einzelkarte besitzt, ist der

VERLIERER
des Spiels. Er ist der „Schwarze Peter“.

HINWEIS:
Die letzte Karte muß mit der vor Spielbeginn ausgesonderten Karte ein „Paar“ bilden, wenn korrekt gespielt wurde.

In drei Richtungen

MATERIAL PRO GRUPPE:
1 Satz Karten (Vorlage 18)

ANZAHL DER SPIELER PRO GRUPPE:
zwei bis vier

SPIELVERLAUF:
Die Karten werden gemischt und gleichmäßig an die Spieler verteilt. Reihum legen die Spieler je eine Karte an die andere. Dabei ist es erforderlich, daß aneinandergelegte Felder zueinander passen: so können z. B. zwei Aufgaben aneinandergelegt werden oder eine Aufgabe und eine Zahl, die dann das Ergebnis dieser Aufgabe ist. Ein Aneinanderlegen von zwei Zahlen ist nicht zulässig. Kann ein Spieler keine von seinen Karten anlegen, muß er warten, bis er in der nächsten Runde eventuell eine Karte ablegen kann.

SPIELENDE
ist, wenn ein Spieler seinen Kartenvorrat verbraucht hat.

SIEGER
ist der Spieler, der zuerst seinen Kartenvorrat verbraucht hat.

HINWEIS:
— Sollten beim Verteilen Karten übrig bleiben, kann eine dieser Karten als Ausgangspunkt für das Anlegen benutzt werden.

— Statt eines Wettspiels kann auch ein Gemeinschaftsspiel mit den Karten durchgeführt werden. Es wird dann entsprechend den Regeln des Domino angelegt. Dabei können auch geschlossene Figuren entstehen.

Eule

MATERIAL PRO GRUPPE:
50 Zahlenkarten von 1 bis 50 (Vorlage 19), 1 Spielplan DINA 4 (siehe Abbildung), Stifte in verschiedenen Farben (je Spieler eine Farbe)

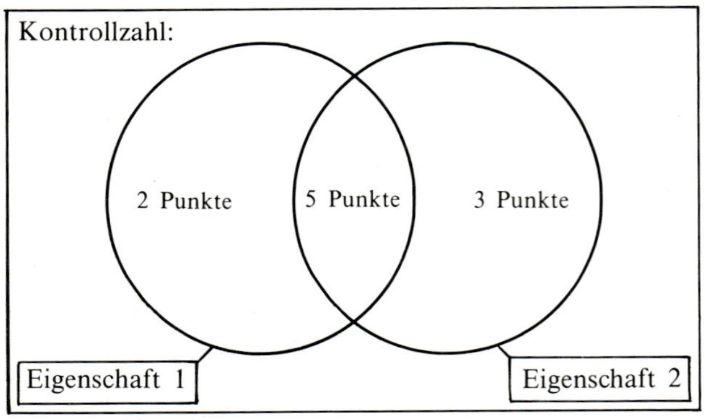

ANZAHL DER SPIELER PRO GRUPPE:
zwei bis vier

SPIELVERLAUF:
Die 50 Karten liegen verdeckt und gemischt auf dem Tisch. Im Reihumverfahren ziehen die Spieler jeweils eine Karte und tragen die Zahl am richtigen Platz in das Diagramm ein, wobei jeder Schüler einen anderen Farbstift benutzt. Zahlen, die in keines der eingekreisten Felder passen, werden an den Rand geschrieben. Benutzte Karten werden an den Rand gelegt.

SPIELENDE
ist, wenn alle 50 Karten gebraucht sind.

SIEGER
ist derjenige Spieler, der die höchste Punktzahl erreicht hat. Diese errechnet sich, indem die Summe der durch die jeweils eingetragenen Zahlen erreichten Punkte gebildet wird.

HINWEISE:
— Bei fehlerfreier Durchführung des Spiels muß die Summe der von allen Spielern erreichten Punktzahlen die Kontrollzahl ergeben.
— In der angegebenen Form handelt es sich um ein reines Glücksspiel. Werden die Karten bei Spielbeginn offen hingelegt, so wird daraus ein reines Strategiespiel.
— Zwischenformen (z. B. 25 offene und 25 verdeckte Karten) sind natürlich auch möglich und eventuell bei gleich starken Spielern günstiger.

BESONDERE SPIELVORBEREITUNG:
Die Eigenschaften 1 und 2 sind festzulegen und auf den Spielplan einzutragen.

Bei richtiger Zuordnung der Zahlen ergibt sich eine Gesamtpunktzahl, die als Kontrollzahl für den Lehrer genutzt werden kann.

Einige Beispiele:

Eigenschaft 1	Eigenschaft 2	Kontrollzahlen
Vielfache von 2	Vielfache von 3	98
Vielfache von 2	Vielfache von 4	86
Vielfache von 3	Vielfache von 4	68
Vielfache von 6	Vielfache von 8	34
ungerade Zahlen	Vielfache von 3	98

Die verflixte Sieben

MATERIAL PRO GRUPPE:
1 Spielplan, 21 Sechseckkarten (Vorlage 20)

ANZAHL DER SPIELER PRO GRUPPE:
zwei bis drei

SPIELVERLAUF:
Die Sechseckkarten werden gleichmäßig an die Mitspieler verteilt, jeder Spieler hat seinen Kartenvorrat offen vor sich liegen. Im Reihumverfahren darf jeweils eine Karte auf dem Plan abgelegt werden. Dabei sind die folgenden Regeln zu beachten:
— Die Karte muß an bereits abgelegte Karten bzw. an die 35 anschließen.
— Die dunklen Felder werden nicht belegt.
— Aneinander stoßende Felder müssen den gleichen Wert haben (2 Aufgaben mit demselben Ergebnis oder eine Aufgabe und ein Ergebnis; 2 Ergebnisse aneinander legen ist nicht gestattet.
— Hat ein ablageberechtigter Spieler keine Chance, eine seiner Karten auf dem Plan abzulegen, geht das Ablagerecht an den nächsten Spieler weiter.

SPIELENDE
ist, wenn kein Spieler mehr ablegen kann.

SIEGER
ist derjenige Spieler, der bei Spielende die wenigsten Sechseckkarten zurückbehalten hat.

HINWEIS:
— Wenn nur mit 2 Spielern (oder ausnahmsweise mit 4 Spielern) gespielt wird, bleibt beim gleichmäßigen

Verteilen eine Karte übrig. Diese wird dann auf das Feld gelegt, auf dem die 35 steht.

— Dieses Spiel kann auch als Einzel- oder Gemeinschaftspuzzle durchgeführt werden. Ziel ist es dann, alle 21 Karten auf dem Plan abzulegen. Diese Aufgabenstellung ist relativ schwierig und verlangt in der Regel ein häufiges Umsortieren und Umlegen bereits abgelegter Sechseckskarten.

Drillinge gesucht

MATERIAL PRO GRUPPE:
1 Satz Zahlenfelder (Vorlage 21), 2 Spielwürfel

ANZAHL DER SPIELER PRO GRUPPE:
drei bis vier

VARIANTE A

BESONDERE SPIELVORBEREITUNGEN:
Die auf Vorlage 21 mit A gekennzeichneten Felder werden auseinandergeschnitten, so daß vier einzelne Karten entstehen.

SPIELVERLAUF:
Die einzelnen Zahlenfelder werden an die Mitglieder der Gruppe verteilt. Im Reihumverfahren wird mit den beiden Würfeln gewürfelt. Der jeweilige Spieler bildet aus den beiden Zahlen des Wurfes eine Multiplikationsaufgabe und rechnet sie laut vor. Wird das Ergebnis von allen Mitspielern als richtig akzeptiert, prüft jeder Spieler, ob es sich auf seinem Plan befindet und streicht es dann durch. Das Recht des Durchstreichens hat also nicht nur der Spieler, der den Wurf gewürfelt hat.
Es ist das Ziel bei diesem Spiel, drei benachbarte Felder durchzustreichen. Solch ein Drilling kann waagerecht oder senkrecht angeordnet sein.

SPIELENDE
ist nach Ablauf einer vorgegebenen Zeit. Wer zu diesem Zeitpunkt die meisten Drillinge auf seinem Plan hat, ist

SIEGER
dieses Spiels.

HINWEISE:

— Statt der Drillinge können auch andere Konfigurationen vereinbart werden, (ein Kreuz, ein X, ein Viererblock usw.)

— Das Spielende kann auch gruppenbezogen bestimmt werden. So kann vereinbart werden, daß das Spiel entschieden ist, wenn der erste Spieler die zuvor vereinbarte Konfiguration von durchgestrichenen Feldern erreicht hat.

VARIANTE B
Für diese Variante gelten diesselben Regeln. Hinweise usw. für die Variante A. Unterschiede bestehen darin, daß Zahlenfelder der Variante B genommen werden und daß einer der beiden Würfel aus der Variante A ersetzt wird durch einen mit folgender Beschriftung: 0, 6, 7, 8, 9, 10. (Bezüglich der Verwendung „unüblicher" Würfel befinden sich im Vorwort zu diesem Buch einige Anmerkungen.

VARIANTE C
Für diese Variante gelten diesselben Regeln, Hinweise usw. wie für die Variante A. Es kommen lediglich statt der normalen Augenwürfel zwei Würfel mit folgender Beschriftung zum Einsatz: 0, 6, 7, 8, 9, 10. (Bezüglich der Verwendung „unüblicher" Würfel befinden sich im Vorwort zu diesem Buch einige Anmerkungen). Als Zahlenfelder dienen die der Varianten C.

VARIANTE D
Dieses Spiel kann mit der ganzen Klasse durchgeführt werden. Dafür erhält jeder Schüler ein Zahlenfeld aus der Zusammenstellung der Variante D.

BESONDERE SPIELVORBEREITUNGEN:
Jeder Schüler kreist auf seinem Plan eine vom Lehrer genannte Anzahl von Zahlen (z. B. 6) ein.

SPIELVERLAUF:
Der Lehrer nennt eine Multiplikationsaufgabe von $1 \cdot 2$ bis $9 \cdot 10$. Alle Schüler streichen - falls vorhanden - das Ergebnis auf ihrem Plan durch. Nach diesem Verfahren werden der Reihe nach vom Lehrer weitere Multiplikationsaufgaben gestellt. Es empfiehlt sich, die Ergebnisse seitens des Lehrers der Reihe nach zu notieren.

SPIELENDE
ist, wenn es einem Schüler gelungen ist, alle seine eingekreisten Zahlen durchzustreichen. Er legt seine Karte dem Lehrer vor, der anhand der notierten Ergebnisse die Richtigkeit der bisher durchgestrichenen Zahlen überprüfen kann. Hat der Schüler bis zu diesem Punkt fehlerfrei gearbeitet, ist er der

SIEGER
dieses Spiels. Andernfalls wird das Spiel fortgesetzt, bis der nächste Spieler alle seine Zahlen gestrichen hat.

HINWEISE:
Dieses Spiel kann auch als Gruppenspiel durchgeführt werden, in dem reihum die Schüler eine Multiplikationsaufgabe nennen. Derjenige Schüler, der die Aufgabe nennt, darf auf seinem Zettel dann das Ergebnis nicht durchstreichen.

Die Resteschlange I

MATERIAL PRO GRUPPE:
1 Spielplan (Vorlage 22), 1 normaler Spielwürfel (Augenzahl 1 bis 6), pro Spieler 3 Setzsteine einer Farbe, 15 Gewinnmarken

ANZAHL DER SPIELER PRO GRUPPE:
zwei bis vier

SPIELVERLAUF:
Jeder Spieler stellt seine 3 Setzsteine auf das Startfeld. Die 15 Gewinnmarken werden auf die seitlich liegenden Restefelder verteilt (pro Feld 3 Marken).
Im Reihumverfahren wird mit dem Würfel geworfen. Der jeweilige Standort (anfangs die 100) wird durch den gewürfelten Wert dividiert. Der Spieler rechnet die Aufgabe laut vor. An zwei Beispielen soll demonstriert werden, wie gesetzt wird:

Beispiel:
— Der Spieler steht auf der 50 und würfelt eine 5. 50 : 5 = 10. Der Setzstein wird auf die 10 gestellt.
— Der Spieler steht auf der 50 und würfelt eine 6. Die Divisionsaufgabe 50 : 6 ist nicht „glatt“ lösbar. Die nächst kleinere Zahl in der Sechserreihe ist die 48. 48 : 6 = 8. Der Setzstein wird auf die 8 gestellt. Da aber die Ausgangszahl 50 war, verbleibt ein Rest von 2, der in dieser Divisionsaufgabe nicht verarbeitet wurde. Dafür erhält der Spieler 1 Gewinnmarke (falls noch vorhanden) aus dem Restvorrat der 2.
Der Reihe nach werden alle 3 Setzsteine der Spieler ins Ziel gebracht.

SPIELENDE
ist, wenn alle Setzsteine im Ziel sind.

SIEGER
dieses Spiels ist derjenige Spieler, der dann die meisten (alternativ die wenigsten) Gewinnmarken eingesammelt hat.

HINWEISE:
Die Erklärung des Begriffes „Rest“ ist abhängig von der jeweils benutzten Schreibweise bzw. Sprechweise bei der Division, die Erklärung der Spielregel muß darauf Rücksicht nehmen.
— Zur Einführung des Spiels empfiehlt sich eine frontale Demonstration der Setzweise (mit nur einem Setzstein). Dazu kann entweder ein Teil der Schlange an die Tafel gezeichnet werden bzw. auf dem Overheadprojektor gearbeitet werden.

Riesenrad

MATERIAL PRO GRUPPE:
1 Arbeitsbogen (Vorlage 23), Stifte in 2 verschiedenen Farben.

ANZAHL DER SPIELER PRO GRUPPE:
zwei oder mehrere, die dann in zwei Mannschaften eingeteilt werden.

SPIELVERLAUF:
Im Wechsel dürfen die Schüler (bzw. Gruppen) versuchen, Gondeln im Riesenrad zu besetzen. Dazu dürfen von den vor dem Riesenrad stehenden Kindern beliebig viele mitgenommen werden. Die Zahlen, die auf den Kindern stehen, können durch beliebige Rechenarten miteinander verknüpft werden. Ergibt sich dabei ein Ergebnis, das als Nummer einer Gondel auftritt, darf diese Gondel von der Mannschaft besetzt werden, die dieses Ergebnis errechnet hat. Die Ergebnisse sind laut vorzurechnen. Ein Notieren der Aufgaben ist nicht sinnvoll, da die Kinder in der Regel noch nicht gewohnt sind, entsprechende Klammern zu setzen. Bei falschen Rechnungen bzw. bei Rechnungen, die zu einem Ergebnis führen, das nicht als Gondelnummer vorhanden ist, kann keine Gondel besetzt werden. Die nächste Mannschaft ist dann an der Reihe.

SPIELENDE
ist, wenn alle Gondeln besetzt sind bzw. nach Ablauf einer zuvor vereinbarten Spielzeit.

SIEGER
dieses Spiels ist die Mannschaft, die bei Spielende die meisten Gondeln besetzt hat.

HINWEIS:
Durch das Verwenden anderer Zahlen (Überkleben und Neubeschriften einer Kopie) kann das Spiel entsprechend variiert werden.

Zahlenbillard

MATERIAL PRO GRUPPE:
2 Stifte in verschiedenen Farben, 1 Spielplan (Vorlage 24)

ANZAHL DER SPIELER:
zwei

SPIELVERLAUF:
Spieler 1 beginnt, indem er die Zahl, die sich auf dem Queue befindet (6) mit einer der Kugeln in Verbindung bringt. Es sind alle 4 Grundrechenarten zugelassen. Die Aufgabe wird in der Tabelle notiert - ebenfalls das Ergebnis. Dieses Ergebnis bringt nun Spieler 2 mit einer anderen Kugel in Verbindung, indem er wieder eine der 4 Grundrechenarten benutzt. Aufgabe und Ergebnis werden in der Spalte unter Spieler 2 notiert. Das Ergebnis ist dann wiederum Ausgangspunkt für Spieler 1.
Die Kugeln dürfen mehrfach benutzt werden, aber keine Kugel zweimal direkt hintereinander.
Hat ein Spieler eine Zahl errechnet, die sich in einem der sechs Löcher am Rande des Spielfeldes befinden, darf er diese Zahl in seiner Farbe durchstreichen. Doppelbesetzungen sind nicht zulässig.

SPIELENDE
ist, wenn alle 6 Zahlen, die sich in den Löchern befinden, durchgestrichen sind.

SIEGER
dieses Spiels ist derjenige Spieler, der bei Spielende die meisten Zahlen durchgestrichen hat.

HINWEIS:
- Dieses Spiel kann auch frontal an der Tafel oder auf dem Overheadprojektor gespielt werden. Die Klasse wird dazu in 2 Mannschaften eingeteilt.
- Ebenso denkbar ist es, daß dieses Spiel als Gruppenspiel durchgeführt wird. Die Gruppe wird dann in 2 Mannschaften eingeteilt, so daß man nicht von Spieler 1 und Spieler 2, sondern von Mannschaft 1 und Mannschaft 2 reden kann.
- Die Abbildung zeigt einen möglichen Spielverlauf zur Demonstration der Notationsform.

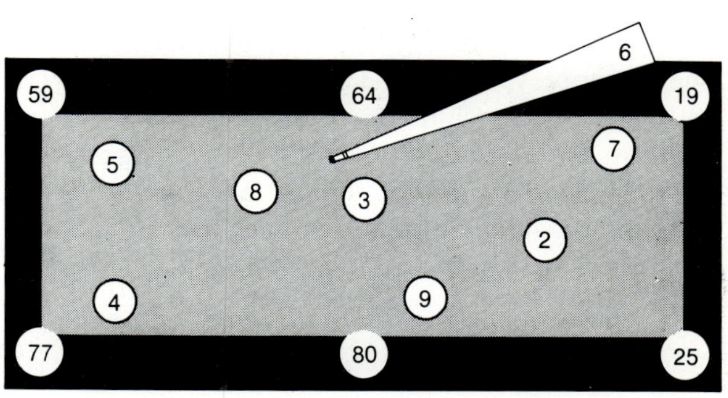

Spieler 1	Spieler 2
$6 \cdot 8 = 48$	$48 + 7 = 55$
$55 : 5 = 11$	$11 \cdot 7 = 77$
$77 + 3 = 80$	$=$

Spieler 1	Spieler 2
$=$	$=$
$=$	$=$
$=$	$=$

Rechen - Domino

MATERIAL PRO GRUPPE:
1 Satz Dominokarten (Vorlage 25)

ANZAHL DER SPIELER PRO GRUPPE:
zwei bis fünf

SPIELVERLAUF:
Die Karten werden gemischt und liegen verdeckt auf dem Tisch. Jeder Spieler zieht sich aus dem Vorrat 3 Karten, die er offen vor sich hinlegt. Der Spieler mit der werthöchsten Karte (Summe aus Zahl und Aufgabenergebnis einer Karte) eröffnet das Spiel:
Er deckt eine Karte auf und legt sie für alle sichtbar auf den Tisch. Jetzt überprüft er, ob sich in seinem Kartenvorrat eine Karte befindet, die er an die eben aufgedeckte Karte anlegen kann. Dabei ist darauf zu achten, daß grundsätzlich bei diesem Spiel nur immer eine Aufgabe an ein Ergebnis angelegt werden darf. Befindet sich keine passende Karte in seinem Vorrat, so muß er von den verdeckten Karten eine zusätzliche ziehen. Paßt auch diese nicht, geht das Anlegerecht an den nächsten Spieler in der Runde weiter. Dieses Verfahren wird sooft wiederholt, bis ein Spieler seinen Kartenvorrat aufgebraucht hat.
An ein Ergebnis können bis zu drei Aufgaben angelegt werden, so daß sich beim Ablegen Verzweigungen ergeben können. Die Ablagemöglichkeiten erhöhen sich dadurch beträchtlich.

SPIELENDE
ist, wenn der erste Spieler seinen Kartenvorrat aufgebraucht hat. Dieser Spieler ist der

SIEGER
dieses Spiels.

HINWEIS:
Statt eines Wettbewerbsspiels kann auch ein Gemeinschaftsspiel durchgeführt werden: Die Schüler einer Gruppe versuchen, eine zuvor gegebene Form zu legen (eine geschlossene Linie, ein Rechteck, ein Quadrat, eine Acht, ...). Diese Version eignet sich insbesondere bei weniger spielerfahrenen Schülern als Vorstufe zum Wettbewerbsspiel, weil so die Anlegetechnik trainiert und das Material kennengelernt wird.

Würfelzahlenquadrat

MATERIAL PRO GRUPPE:
Je Spieler 1 Plan (Vorlage 26), 2 normale Würfel (Augenzahl 1 bis 6), 1 Bleistift pro Spieler

ANZAHL DER SPIELER PRO GRUPPE:
zwei bis vier

SPIELVERLAUF:
Im Reihumverfahren wird mit den beiden Würfeln gewürfelt. Der jeweilige Spieler bildet das Produkt der beiden Augenzahlen. Ist das Ergebnis richtig, so darf jeder Spieler in eines der vier Felder des Quadrates dieses Ergebnis eintragen. Jeder Spieler kann für sich entscheiden, in welches der vier Felder er die errechnete Zahl einträgt.

SPIELENDE
ist, wenn die vier Felder bei allen Spielern besetzt sind.

SIEGER
ist derjenige Spieler, dessen Würfelzahlenquadrat den höchsten Wert hat. Der Wert berechnet sich folgendermaßen:
Zunächst werden die Zahlen bzw. Spaltensummen gebildet. Diese vier Ergebnisse werden in die kleinen Quadrate neben bzw. unter dem Würfelzahlenquadrat eingetragen. Danach wird die Summe der Hauptdiagonalen errechnet (linkes Feld oben und rechtes Feld unten). Dieses Ergebnis wird in das Dreieck eingetragen. Zum Abschluß werden diese 5 Zahlen addiert und ergeben somit den Wert des Würfelzahlenquadrats.

HINWEIS:
Sieger dieses Spiels wird immer derjenige, dem es gelungen ist, die beiden gößten Zahlen in den Feldern der Hauptdiagonalen unterzubringen.

Nachbarfelder I

MATERIAL PRO GRUPPE:
1 Spielplan (Vorlage 27), pro Spieler 1 Stift in verschiedenen Farben, 3 normale Spielwürfel (Augenzahl 1 bis 6).

ANZAHL DER SPIELER PRO GRUPPE:
zwei bis fünf

SPIELVERLAUF:
Im Reihumverfahren wird mit den 3 Würfeln geworfen. Der jeweilige Spieler darf die Werte von 2 oder 3 Würfeln mit Hilfe der 4 Grundrechenarten miteinander verknüpfen. Die Aufgabe wird laut vorgerechnet und das Ergebnis genannt. Befindet sich dieses Ergebnis auf dem Spielplan, so darf der Spieler dieses Feld mit seiner Farbe schraffieren, wenn dieses Feld ein Nachbarfeld ist. Nachbarfelder sind

Felder, die an bereits besetzte Felder diagonal, waagrecht oder senkrecht angrenzen. Zu Beginn des Spiels handelt es sich dabei um die Felder, die an das schwarze Mittelfeld angrenzen.

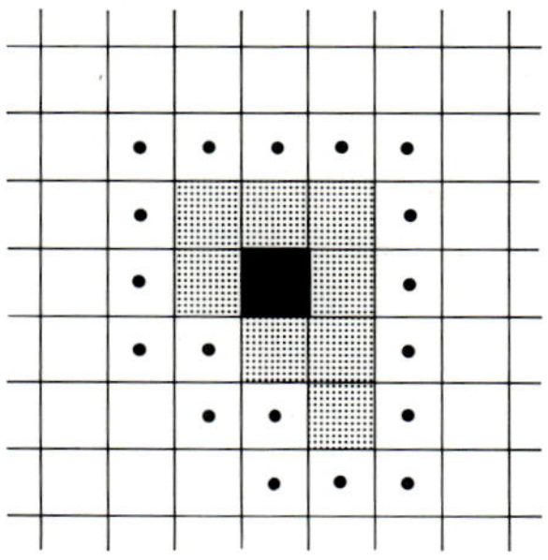

In der Abbildung sind „Nachbarfelder“ durch Punkte gekennzeichnet. Die dunklen Felder sind bereits besetzte Felder.

SPIELENDE
ist, wenn alle Felder besetzt sind, bzw. wenn die zuvor vereinbarte Spielzeit abgelaufen ist. Wer bei Spielende die meisten Felder schraffiert hat, ist der

SIEGER
dieses Spiels.

HINWEISE:
Um alle Schüler zu aktivieren, können alle Mitspieler gleichzeitig rechnen. Die Ergebnisse werden dann reihum abgerufen und entsprechend der o.g. Regel notiert.

Figurenrechnen I

MATERIAL PRO SCHÜLER:
1 Spielplan (Vorlage 28), 1 Bleistift, Lineal

EINZELSPIEL

SPIELVERLAUF:
Jeder Schüler rechnet zunächst die erste Aufgabe. Er sucht das Ergebnis dieser Aufgabe auf dem Spielplan und streicht es durch. Dann rechnet er die zweite Aufgabe und streicht ebenfalls das Ergebnis dieser Aufgabe durch. Jetzt werden diese beiden Zahlen miteinander (Lineal benutzen) verbunden. Der Reihe nach werden jetzt die Ergebnisse gekennzeichnet und Verbindungslinien von dem zuletzt errechneten Ergebnis zu dem neuen Ergebns hergestellt. Dabei kann es vorkommen, daß gleiche Ergebnisse mehrfach vorkommen, der Linienzug also einen Punkt mehrfach berühren kann. Nach dem Lösen der letzten Aufgabe schließt sich der Linienzug. Bei korrekter Ausführung ergibt sich am Ende eine symmetrische geometrische Figur.

Nautilus III

MATERIAL PRO GRUPPE:
1 Spielplan (Vorlage 29), pro Spieler 1 Setzstein in verschiedenen Farben.

ANZAHL DER SPIELER PRO GRUPPE:
zwei bis drei

SPIELVERLAUF:
Die Spieler setzen ihre Spielfiguren auf die drei Startfelder (bei 2 Spielern bleibt ein Startfeld unbesetzt). Im Reihumverfahren rechnen sie nun (nach freier Wahl) eine der beiden Aufgaben auf dem jeweils besetzten Feld (anfangs das Startfeld) und setzen den Spielstein auf das Feld, dessen große Zahl das Ergebnis der gerechneten Aufgabe darstellt. Gelangt ein Spieler auf ein von einem Mitspieler besetztes Feld, so kann er dessen Figur „hinauswerfen", d. h., auf ein beliebiges benachbartes Feld versetzen.

SPIELENDE
ist, wenn der 1. Spieler das Ziel (1000) erreicht hat. Er ist der

SIEGER
dieses Spiels.

Zauberquadrate II

MATERIAL PRO SPIELER:
1 Neunerfeld und 1 Satz Karten (Vorlage 30)

EINZELSPIEL

SPIELVERLAUF:
Ein Zauberquadrat besteht aus quadratisch angeordneten Zahlen, wobei Zeilen, Spalten und Diagonalen jeweils die gleiche Summe ergeben.
Die Schüler versuchen, in Einzel- oder Gemeinschaftsarbeit die neun ausgeschnittenen Zahlen so auf dem Plan anzuordnen, daß ein Zauberquadrat in der eben beschriebenen Form entsteht. Die jeweils zu erzielende Summe ist als Zielzahl zusätzlich auf der Vorlage angegeben.

HINWEISE:
Die Schüler können aufgefordert werden, selbst Zauberquadrate zu entwickeln.

Plus-Minus-Domino

MATERIAL PRO GRUPPE:
1 Satz Dominokarten (Vorlage 31)

ANZAHL DER SPIELER PRO GRUPPE:
zwei bis fünf

SPIELVERLAUF:
Die Karten werden gemischt und liegen verdeckt auf dem Tisch. Jeder Spieler zieht sich aus dem Vorrat 3 Karten, die er offen vor sich hinlegt. Der Spieler mit der werthöchsten Karte (Summe aus Zahl und Aufgabe auf einer Karte) eröffnet das Spiel:
Er deckt eine Karte auf und legt sie für alle sichtbar auf den Tisch. Jetzt überprüft er, ob sich in seinem Kartenvorrat eine Karte befindet, die er an die eben aufgedeckte Karte anlegen kann. Dabei ist darauf zu achten, daß grundsätzlich bei diesem Spiel nur immer eine Aufgabe an ein Ergebnis angelegt werden darf. Befindet sich keine passende Karte in seinem Vorrat, so muß er von den verdeckten Karten eine zusätzliche ziehen. Paßt auch diese nicht, geht das Anlegerecht an den nächsten Spieler in der Runde weiter. Dieses Verfahren wird sooft wiederholt, bis ein Spieler seinen Kartenvorrat aufgebraucht hat.
An ein Ergebnis können bis zu drei Aufgaben angelegt werden, so daß sich beim Ablegen Verzweigungen ergeben können. Die Ablagemöglichkeiten erhöhen sich dadurch beträchtlich.

SPIELENDE
ist, wenn der erste Spieler seinen Kartenvorrat aufgebraucht hat. Dieser Spieler ist der

SIEGER
dieses Spiels.

HINWEIS:
Statt eines Wettbewerbsspiels kann auch ein Gemeinschaftsspiel durchgeführt werden: Die Schüler einer Gruppe versuchen, eine zuvor gegebene Form zu legen (eine geschlossene Linie, ein Rechteck, ein Quadrat, eine Acht, ...). Diese Version eignet sich insbesondere bei weniger spielerfahrenen Schülern als Vorstufe zum Wettbewerbsspiel, weil so die Anlegetechnik trainiert und das Material kennengelernt wird.

Hausnummer 555

MATERIAL PRO GRUPPE:
1 normaler Spielwürfel (Augenzahl 1 bis 6), Stifte, je Spieler ein Spielplan (Vorlage 32)

ANZAHL DER SPIELER PRO GRUPPE:
zwei bis vier

SPIELVERLAUF:
Es wird reihum gewürfelt. Jeder Spieler trägt die gewürfelte Zahl in ein freies Feld des ersten Neunerquadrats ein. Ist dieses Quadrat gefüllt, addieren alle Spieler ihre jetzt dreistelligen untereinanderstehenden Zahlen. Derjenige Spieler, dessen Ergebnis am nächsten zur Zahl 555 liegt, erhält einen Punkt.
Dieses Verfahren wird mit den anderen Quadraten ebenfalls durchgeführt.

SPIELENDE
ist, wenn alle Quadrate ausgefüllt und ausgerechnet sind.

SIEGER
ist derjenige Spieler, der bei Spielende die meisten Punkte hat.

HINWEISE:
- Es kann bei jedem Durchgang die Differenz zur Zahl 555 gebildet werden. Sieger ist dann derjenige Schüler, dessen Gesamtsumme dieser Differenzen am kleinsten ist.
- Anstatt der 555 kann auch eine andere Zahl gewählt werden.
- Das Spiel kann dadurch beschleunigt werden, daß statt eines Würfels drei Würfel benutzt werden und jeweils drei Zahlen bei allen Schülern eingetragen werden sollen.

Rechenschlange II

MATERIAL PRO GRUPPE:
1 Spielplan (Vorlage 33), pro Spieler 1 Setzstein in verschiedenen Farben, Gewinnmarken, 1 Würfel mit der folgenden Beschriftung: 28, 28, 49, 49, 67, 67 (bezüglich der Verwendung „unüblicher" Würfel befinden sich im Vorwort zu diesem Buch einige Anmerkungen).

ANZAHL DER SPIELER PRO GRUPPE:
zwei bis fünf

SPIELVERLAUF:
Alle Spieler stellen ihren Setzstein auf das Startfeld [9]. Im Reihumverfahren wird mit dem oben beschriebenen Würfel gewürfelt. Der geworfene Wert wird zu dem jeweiligen Standort (anfangs die [9]) hinzuaddiert. Der Setzstein wird dann auf das Feld gestellt, auf dem das errechnete Ergebnis notiert ist. Für den Fall, daß ein erreichtes Ergebnis nicht auf dem Spielplan vorhanden ist, muß der Setzstein auf ein Ereignisfeld gesetzt werden, das an der Stelle steht, an der sonst das Ergebnis stehen könnte. Der auf diesem Ereignisfeld stehende Auftrag muß durchgeführt werden.

Beispiel dafür: Ein Spieler steht auf [107] und würfelt eine 49. Ein Feld mit dem Ergebnis 156 ist nicht vorhanden, hingegen ein Ereignisfeld zwischen [153] und [163]. Da auch das Ergebnis zwischen den beiden Zahlen liegt, muß der Setzstein auf dieses Feld gestellt werden. Der Hinweis „Rücke drei Felder vor" ist zu befolgen; d. h., der Setzstein kommt auf das Feld mit der 174.
Nach Erreichen des Zielfeldes [297] erhält der Spieler eine Gewinnmarke und beginnt erneut auf dem Startfeld [9]. Die 297 muß genau erreicht werden, ein Überwürfeln ist also nicht zulässig. In diesem Fall muß in der nächsten Runde erneut gewürfelt werden. Dieser Vorgang wird sooft wiederholt, bis das Zielfeld exakt erreicht wird.

SPIELENDE
ist nach Ablauf der vereinbarten Spielzeit.

SIEGER
ist derjenige Spieler, der bei Spielende die meisten Gewinnmarken hat. Bei Gleichstand entscheidet der Standort bei Spielende darüber, wer gewonnen hat.

Pferderennen II

MATERIAL PRO GRUPPE:
1 Spielplan (Vorlage 36), pro Spieler 1 Setzstein in verschiedenen Farben, Gewinnmarken, Würfel mit der folgenden Beschriftung 28, 28, 49, 49, 67, 67. (Bezüglich der Verwendung „unüblicher" Würfel befinden sich im Vorwort zu diesem Buch einige Anmerkungen).

ANZAHL DER SPIELER PRO GRUPPE:
zwei bis fünf

BESONDERE SPIELVORBEREITUNGEN:
Es muß zunächst entschieden werden, ob das Spiel für die Addition oder die Subtraktion benutzt werden soll. Die Vorgehensweise wird hier für die Addition beschrieben (für die Subtraktion gelten die Anregungen entsprechend umgekehrt).
— Die dicken Striche im Inneren des Spielfeldes sind zu Pfeilen zu ergänzen (Pfeilspitze zeigt bei der Addition im Uhrzeigersinn).
— Das dunkle, hervorgehobene Feld (Beschriftung „1 Punkt" muß durch eine Pfeilspitze, die auf das Feld 659 zeigt, ergänzt werden.
— Das Feld 659 muß als Startfeld, das Feld 947 als Zielfeld gekennzeichnet werden.

SPIELVERLAUF:
Alle Spieler stellen ihren Setzstein auf das Startfeld 659 . Im Reihumverfahren wird mit dem oben beschriebenen Würfel gewürfelt. Der geworfene Wert wird zu dem jeweiligen Standort (anfangs 659) hinzuaddiert. Der Setzstein wird dann auf das Feld gestellt, auf dem das errechnete Ergebnis notiert ist. Für den Fall, daß ein erreichtes Ergebis nicht auf dem Spielplan vorhanden ist, muß der Spieler auf seinem Feld stehenbleiben.

Beispiel: Ein Spieler steht auf 764 und würfelt eine 28. Das Ergebnis 792 ist auf dem Spielplan nicht vorhanden, der Setzstein bleibt auf dem Feld mit der 764 und in der nächsten Runde kann dieser Spieler erneut würfeln.

Beim Erreichen des Zielfeldes (Ergebnis der Rechnung ist gleich 947 oder größer als 947) ist eine Runde gelaufen. Der jeweilige Spieler erhält dafür eine Gewinnmarke und startet erneut auf dem Feld 659 .

SPIELENDE
ist nach Ablauf der zuvor vereinbarten Spielzeit.

SIEGER
ist derjenige Schüler, der bei Spielende die meisten Gewinnmarken hat. Bei Gleichstand entscheidet der jeweilige Standort bei Spielende.

HINWEIS:
Anstelle der Gewinnmarken kann auch mit einer Strichliste gearbeitet werden, bei der für jede durchfahrene Runde ein Strich verzeichnet wird.

Das große Fragezeichen II

MATERIAL PRO GRUPPE:
1 Spielplan (Vorlage 35), 1 Satz Ereigniskarten II (Vorlage 11), pro Spieler 1 Setzstein in verschiedenen Farben, Gewinnmarken, 1 Würfel mit der folgenden Beschriftung: 28, 28, 49, 49, 67, 67. (Bezüglich der Verwendung „unüblicher" Würfel befinden sich im Vorwort zu diesem Buch einige Anmerkungen).

ANZAHL DER SPIELER PRO GRUPPE:
zwei bis fünf

SPIELVERLAUF:
Alle Spieler stellen ihren Setzstein auf das Startfeld 610 . Im Reihumverfahren wird mit dem oben beschriebenen Würfel gewürfelt. Der geworfene Wert wird von dem jeweiligen Standort (anfangs 610) subtrahiert. Der Setzstein wird dann auf das Feld gestellt, auf dem das errechnete Ergebnis notiert ist. Für den Fall, daß ein erreichtes Ergebnis nicht auf dem Spielplan vorhanden ist, muß der Setzstein auf ein Feld mit einem Fragezeichen gesetzt werden, das an der Stelle steht, an der sonst das Ergebnis stehen könnte. Der Schüler deckt jetzt eine Ereigniskarte auf - die Ereigniskarten liegen als verdeckter Stapel auf dem Feld mit dem großen Fragezeichen -, rechnet die Aufgabe laut vor und nennt das Ergebnis. Die übrigen Schüler kontrollieren das Ergebnis. Hat der Spieler richtig gerechnet, darf er ein Feld vorrücken, im anderen Fall muß er ein Feld zurückgehen.

Beispiel dafür: Ein Spieler steht auf der 487 und würfelt eine 28. Ein Feld mit dem Ergebnis 459 ist nicht vorhanden, hingegen ein Fragezeichenfeld zwischen 466 und 456 . Da auch das Ergebnis zwischen 466 und 456 liegt, muß der Setzstein auf dieses Fragezeichenfeld gestellt werden.

Nach Erreichen des Zielfeldes 322 erhält der Spieler eine Gewinnmarke und beginnt erneut auf dem Startfeld 610 . Die 322 muß genau erreicht werden, ein Überwürfeln ist also nicht zulässig. In diesem Fall muß in der nächsten Runde erneut gewürfelt werden. Dieser Vorgang wird sooft wiederholt, bis das Zielfeld exakt erreicht wird.

SPIELENDE
ist nach Ablauf der vereinbarten Spielzeit.

SIEGER
ist derjenige Spieler, der bei Spielende die meisten Gewinnmarken hat. Bei Gleichstand entscheidet der Standort bei Spielende darüber, wer gewonnen hat.

HINWEIS:
Anstelle der Ereigniskarten können sich die Schüler gegenseitig Aufgaben stellen. Kommt ein Spieler auf ein Fragezeichenfeld, stellt der links neben ihm sitzende Spieler eine Aufgabe. Im übrigen gelten die oben beschriebenen Regeln.

Der fragwürdige Lindwurm II

MATERIAL PRO GRUPPE:
1 Spielplan (Vorlage 36), 1 Satz Ereigniskarten II (Vorlage 11), pro Spieler 1 Setzstein in verschiedenen Farben, Gewinnmarken, 1 Würfel mit der folgenden Beschriftung: 28, 28, 49, 49, 67, 67. (Bezüglich der Verwendung „unüblicher" Würfel befinden sich im Vorwort zu diesem Buch einige Anmerkungen).

ANZAHL DER SPIELER PRO GRUPPE:
zwei bis fünf

SPIELVERLAUF:
Alle Spieler stellen ihren Setzstein auf das Startfeld (297). Im Reihumverfahren wird mit dem oben beschriebenen Würfel gewürfelt. Der geworfene Wert wird von dem jeweiligen Standort (anfangs die (297)) subtrahiert. Der Setzstein wird dann auf das Feld gestellt, auf dem das errechnete Ergebnis notiert ist. Für den Fall, daß ein erreichtes Ergebnis nicht auf dem Spielplan vorhanden ist, muß der Setzstein auf ein Feld mit einem Fragezeichen gesetzt werden, das an der Stelle steht, an der sonst das Ergebnis stehen könnte. Der Schüler deckt jetzt eine Ereigniskarte auf - die Ereigniskarten liegen als verdeckter Stapel auf dem Feld mit dem großen Fragezeichen -, rechnet die Aufgabe laut vor und nennt das Ergebnis. Die übrigen Schüler kontrollieren das Ergebnis. Hat der Spieler richtig gerechnet, darf er ein Feld vorrücken, im anderen Fall muß er ein Feld zurückgehen.

Beispiel dafür: Ein Spieler steht auf (241) und würfelt eine 28. Ein Feld mit dem Ergebnis 213 ist nicht vorhanden, hingegen ein Fragezeichenfeld zwischen (220) und (202). Da auch das Ergebnis zwischen 220 und 203 liegt, muß der Setzstein auf dieses Fragezeichenfeld gestellt werden.
Nach Erreichen des Zielfeldes (9) erhält der Spieler eine Gewinnmarke und beginnt eneut auf dem Startfeld (297). Die 9 muß genau erreicht werden, ein Überwürfeln ist also nicht zulässig. In diesem Fall muß in der nächsten Runde erneut gewürfelt werden. Dieser Vorgang wird sooft wiederholt, bis das Zielfeld exakt erreicht wird.

SPIELENDE
ist nach Ablauf der vereinbarten Spielzeit.

SIEGER
ist derjenige Spieler, der bei Spielende die meisten Gewinnmarken hat. Bei Gleichstand entscheidet der Standort bei Spielende darüber, wer gewonnen hat.

HINWEIS:
Anstelle der Ereigniskarten können sich die Schüler gegenseitig Aufgaben stellen. Kommt ein Spieler auf ein Fragezeichenfeld, stellt der links neben ihm sitzende Spieler eine Aufgabe. Im übrigen gelten die oben beschriebenen Regeln.

Figurenrechnen II

MATERIAL PRO SCHÜLER: 1 Spielplan (Vorlage 37), 1 Bleistift, Lineal

EINZELSPIEL

SPIELVERLAUF:
Jeder Schüler rechnet zunächst die erste Aufgabe. Er sucht das Ergebnis dieser Aufgabe auf dem Spielplan und streicht es durch. Dann rechnet er die zweite Aufgabe und streicht ebenfalls das Ergebnis dieser Aufgabe durch. Jetzt werden diese beiden Zahlen miteinander (Lineal benutzen) verbunden. Der Reihe nach werden jetzt die Ergebnisse gekennzeichnet und Verbindungslinien von dem zuletzt errechneten Ergebnis zu dem neuen Ergebnis hergestellt. Dabei kann es vorkommen, daß gleiche Ergebnisse mehrfach vorkommen, der Linienzug also einen Punkt mehrfach berühren kann. Nach dem Lösen der letzten Aufgabe schließt sich der Linienzug. Bei korrekter Ausführung ergibt sich am Ende eine symmetrische, geometrische Figur.

Domino-Puzzles II

MATERIAL PRO GRUPPE:
1 handelsübliches Domino-Spiel oder Vorlage 8.

ANZAHL DER SPIELER PRO GRUPPE:
ein bis zwei

SPIELVERLAUF:
1. 4 oder 6 Steine sollen so zu „Fenstern" zusammengelegt werden, daß man bei Multiplikation der Zahlen in den senkrechten und waagerechten Reihen stets das gleiche Ergebnis erhält.

Beispiele: (4 Steine)

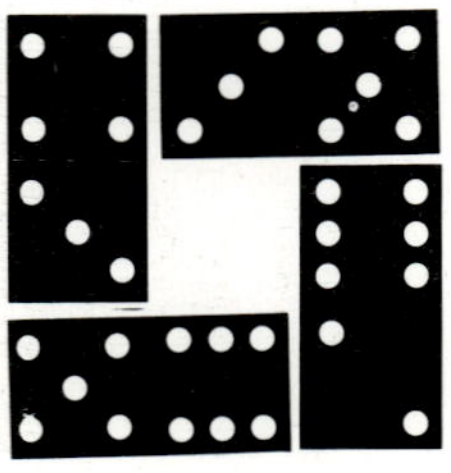

Produkt: 60

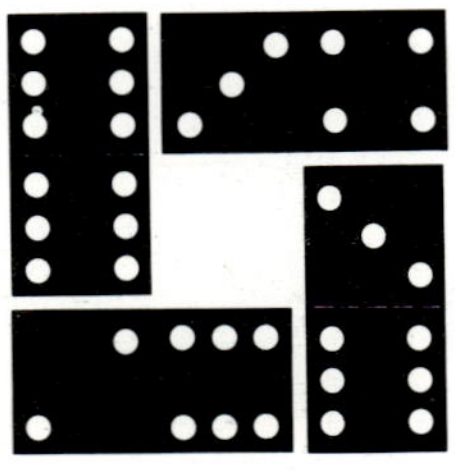

Produkt: 72

(6 Steine)

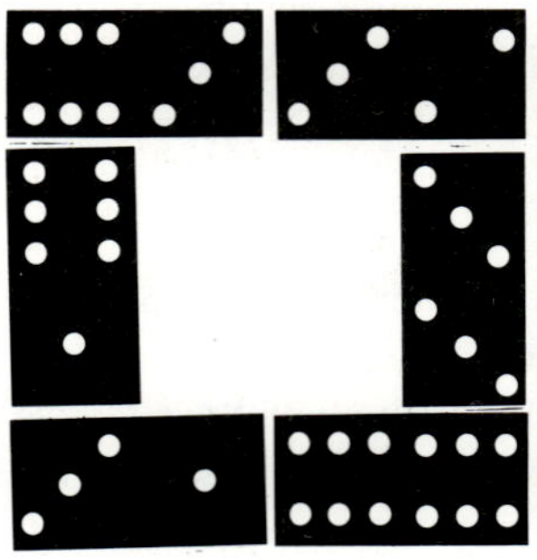

Produkt: 108

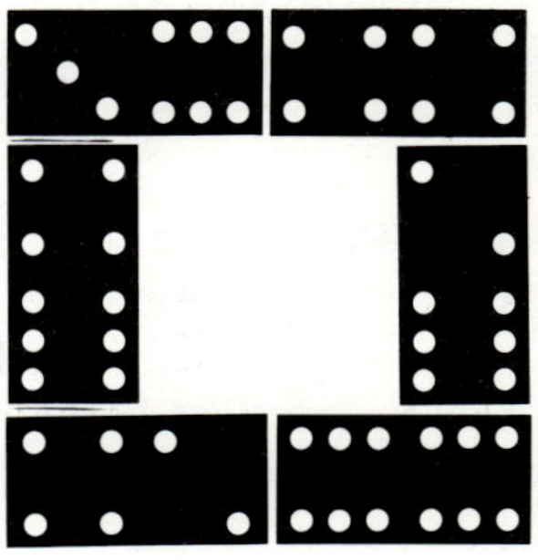

Produkt: 288

2. 8 Steine sollen so zu „Zauberquadraten" zusammengelegt werden, daß man bei Multiplikation der Zahlen in den senkrechten und waagerechten Reihen und der Zahlen in den beiden Diagonalen stets das gleiche Ergebnis erhält.
Diese Aufgabe ist ausgesprochen schwierig. Es empfiehlt sich die Vorgabe der zu verwendenden Steine (siehe folgende Abbildung!)

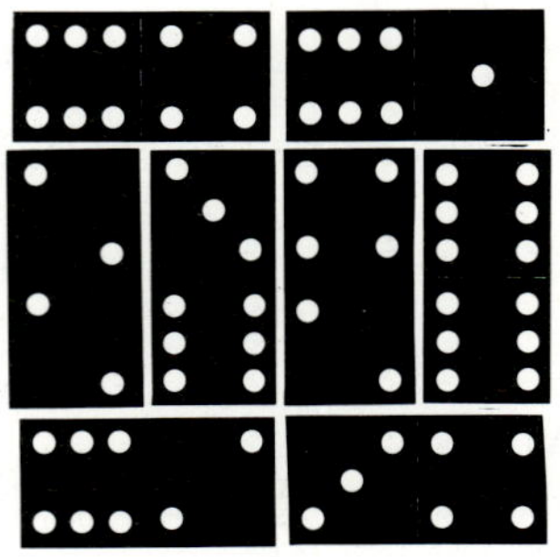

Produkt: 144

HINWEISE:
— Mit 4 Steinen findet man Lösungen zu den Produkten 0, 6, 8, 12, 16, 18, 20, 24, 30, 36, 48, 60 und 72, mit 6 Steinen u. a. zu den Produkten 12, 20, 24, 32, 72, 90, 100, 108, 144, 180, 240, 288, 300, 360.
— Oft sind mehrere Lösungen möglich.

Mal lang - mal kurz

MATERIAL PRO GRUPPE:
1 Satz Faktorenkarten (Vorlage 38), 1 Satz Ergebniskarten (Vorlage 39)

ANZAHL DER SPIELER PRO GRUPPE:
zwei bis vier

SPIELVERLAUF:
Die Faktorenkarten werden gemischt und verdeckt auf dem Tisch ausgebreitet. Eine Auswahl der Ergebnis-

karten (in Abhängigkeit von der zur Verfügung stehenden Spielzeit ca. 10 bis 25 Stück) liegen für alle Mitspieler sichtbar offen auf dem Tisch. Im Reihumverfahren werden 8 Faktorenkarten aufgedeckt. Gelingt es dem aufdeckenden Spieler, durch fortgesetzte Multiplikation einiger oder aller Faktorenkarten eine Ergebniskarte zu berechnen, darf er die Ergebniskarte kassieren. Die Faktorenkarten werden wieder umgedreht.

SPIELENDE
ist, wenn der Vorrat an Ergebniskarten aufgebraucht ist.

SIEGER
ist derjenige Spieler, der bei Spielende die meisten Ergebniskarten eingesammelt hat.

HINWEISE:
— Zur Bestimmung des Siegers können alle Spieler die Summe der von ihnen kassierten Ergebniskarten bilden. Der Spieler mit der größten Summe ist dann der Sieger.
— Es kann auch notiert werden, wie viele Faktorenkarten jeweils beim Berechnen einer Ergebniskarte verbraucht wurden. Derjenige Spieler, der insgesamt die meisten Faktorenkarten gebraucht hat, ist dann der Sieger.

Die beiden eben beschriebenen Varianten fordern von den Schülern bereits in der Spielregel ein höheres Interesse an großen Zahlen.

Teilerpuzzle

MATERIAL PRO GRUPPE:
1 Satz Ergebniskarten (Vorlage 39)

ANZAHL DER SPIELER PRO GRUPPE:
zwei bis fünf (Gemeinschaftsspiel - kein Wettspiel)

SPIELVERLAUF:
Die Ergebniskarten sollen (auch flächig!) so aneinandergelegt werden, daß neben - bzw. übereinander stehende Zahlen Vielfache bzw. Teiler voneinander sind. Die Abbildung macht deutlich, wie die Anlegeregel zu verstehen ist:

72			
18	54	108	
36	9	27	243
	180		

HINWEISE:
— Als Stillbeschäftigung bzw. als Hausaufgabe kann der Auftrag erteilt werden, zu versuchen, insgesamt 36 Kartons so anzulegen, daß ein dichtes Quadrat von 6 mal 6 hingelegten Karten entsteht.
— Die eben beschriebene Aufgabe kann beliebig variiert werden (12 Karten in einem 3 mal 4-Feld; 48 Karten in einem 6 mal 8-Feld usw).

T oder Z

MATERIAL PRO GRUPPE:
1 Satz Pläne (Vorlage 40), 1 Satz Karten (Vorlage 41)

ANZAHL DER SPIELER PRO GRUPPE:
drei bis vier

SPIELVERLAUF:
Jeder Spieler erhält einen der vier Pläne, die Karten werden gemischt und verdeckt auf einem Stapel in die Tischmitte gelegt. Im Reihumverfahren decken die Schüler jeweils die oberste Karte auf und lesen die Aufgabe (nicht das Ergebnis!), die auf der Karte steht, laut vor. Wer von den Mitspielern das richtige Ergebnis zuerst nennt, bekommt diese Karte. Er prüft jetzt nach, ob auf seinem Plan dies Ergebnis vorhanden ist und legt diese Karte dann verdeckt auf das entsprechende Feld. Andernfalls wird die Karte wieder verdeckt unter den Stapel gegeben. Es ist das Ziel, ein aus fünf abgedeckten Feldern bestehendes T oder Z zu erzeugen.

T: 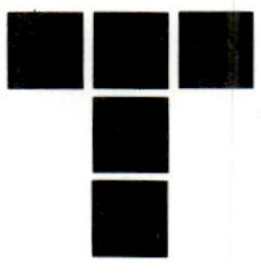

Z: 

Die Entscheidung darüber, ob sich ein T oder Z ergibt, ist ebenso von der Zufälligkeit des Spielverlaufs abhängig, wie die Lage dieser beiden Buchstaben. Deshalb dürfen auch mehr Felder abgedeckt sein, als zum Erzeugen eines der beiden Buchstaben erforderlich sind.

SPIELENDE
ist, wenn der erste Spieler eine der eben beschriebenen Konfigurationen auf seinem Plan abgedeckt hat. Er ist dann der

SIEGER
dieses Spiels. Das Spiel kann allerdings auch weiter gespielt werden, bis der zweite, dritte oder vierte Sieger festgestellt wird. Es bleiben dann aber alle Spieler weiterhin am Spielgeschehen beteiligt. Sie können durch richtiges und schnelles Rechnen den Spielverlauf entscheiden und beeinflussen.

Multiplikations-Domino

MATERIAL PRO GRUPPE:
1 Satz Dominokarten (Vorlage 42)

ANZAHL DER SPIELER PRO GRUPPE:
zwei bis fünf

SPIELVERLAUF:
Die Karten werden gemischt und liegen verdeckt auf dem Tisch. Jeder Spieler zieht sich aus dem Vorrat 3 Karten, die er offen vor sich hinlegt. Der Spieler mit der werthöchsten Karte (Summe aus Zahl und Aufgabenergebnis auf einer Karte) eröffnet das Spiel:
Er deckt eine Karte auf und legt sie für alle sichtbar auf den Tisch. Jetzt überprüft er, ob sich in seinem Kartenvorrat eine Karte befindet, die er an die eben aufgedeckte Karte anlegen kann. Dabei ist darauf zu achten, daß grundsätzlich bei diesem Spiel nur immer eine Aufgabe an ein Ergebnis angelegt werden darf. Befindet sich keine passende Karte in seinem Vorrat, so muß er von den verdeckten Karten eine zusätzliche ziehen. Paßt auch diese nicht, geht das Anlegerecht an den nächsten Spieler in der Runde weiter. Dieses Verfahren wird sooft wiederholt, bis ein Spieler seinen Kartenvorrat aufgebraucht hat.
An ein Ergebnis können bis zu drei Aufgaben angelegt werden, so daß sich beim Ablegen Verzweigungen ergeben können. Die Ablagemöglichketien erhöhen sich dadurch beträchtlich.

SPIELENDE
ist, wenn der erste Spieler seinen Kartenvorrat aufgebraucht hat. Dieser Spieler ist der

SIEGER
dieses Spiels.

HINWEIS:
Statt eines Wettbewerbsspiels kann auch ein Gemeinschaftsspiel durchgeführt werden: Die Schüler einer Gruppe versuchen, eine zuvor gegebene Form zu legen (eine geschlossene Linie, ein Rechteck, ein Quadrat, eine Acht, . . .). Diese Version eignet sich insbesondere bei weniger spielerfahrenen Schülern als Vorstufe zum Wettbewerbsspiel, weil so die Anlegetechnik trainiert und das Material kennengelernt wird.

Nürburgring II

MATERIAL PRO GRUPPE:
1 Spielplan (Vorlage 43), pro Spieler 1 Setzstein in verschiedenen Farben, Gewinnmarken, ein normaler Spielwürfel (Augenzahl 1 bis 6)

ANZAHL DER SPIELER PRO GRUPPE:
zwei bis fünf

SPIELVERLAUF:
Alle Spieler stellen ihren Setzstein auf das Startfeld [1]. Im Reihumverfahren wird mit dem Würfel gewürfelt. Der geworfene Wert wird mit der Zahl des jeweiligen Standortes (anfangs [1]) multipliziert. Der Setzstein wird dann auf das Feld gestellt, auf dem das errechnete Ergebnis notiert ist. Für den Fall, daß ein erreichtes Ergebnis ncht auf dem Spielplan vorhanden ist, muß der Setzstein auf ein Feld gesetzt werden, das sich an der Stelle befindet, wo sonst das Ergebnis zu suchen wäre. Der auf diesem Feld vorgegebene Auftrag muß durchgeführt werden.

Beispiel: Ein Spieler steht auf der [9] und würfelt eine 3. Das Ergebnis 27 ist auf dem Spielplan nicht vorhanden, aber ein Ereignisfeld zwischen [25] und [30]. Da auch das Ergebnis zwischen 25 und 30 liegt, muß der Setzstein auf dieses Ereignisfeld gesetzt werden. Der Auftrag auf diesem Feld (auf das Feld [45] vorzurücken), ist zu befolgen, d. h., der Setzstein kommt auf das Feld, auf das die Pfeilspitze zeigt.

Beim Erreichen des Zielfeldes (Ergebnis der Rechnung ist gleich 900 oder größer als 900) ist eine Runde „gefahren". Der jeweilige Spieler erhält dafür eine Gewinnmarke und startet erneut auf dem Feld [1].

SPIELENDE
ist nach Ablauf der zuvor vereinbarten Spielzeit.

SIEGER
ist derjenige Spieler, der bei Spielende die meisten Gewinnchips hat. Bei Gleichstand entscheidet der jeweilige Standort bei Spielende.

HINWEIS:
Anstelle der Gewinnmarken kann auch mit einer Strichliste gearbeitet werden, bei der für jede durchfahrene Runde ein Strich verzeichnet wird.

Die Resteschlange II

MATERIAL PRO GRUPPE:
1 Spielplan (Vorlage 44), 1 normaler Spielwürfel (Augenzahl 1 bis 6), pro Spieler 3 Setzsteine einer Farbe, 15 Gewinnmarken

ANZAHL DER SPIELER PRO GRUPPE:
zwei bis vier

SPIELVERLAUF:
Jeder Spieler stellt seine 3 Setzsteine auf das Startfeld. Die 15 Gewinnmarken werden auf die Restefelder verteilt (pro Feld 3 Marken). Im Reihumverfahren wird mit dem Würfel gewürfelt. Der jeweilige Standort (anfangs die [900]) wird durch den gewürfelten Wert dividiert. Der Spieler rechnet die Aufgabe laut vor. An zwei Beispielen soll demonstriert werden, wie gesetzt wird:

Beispiel:
— Der Spieler steht auf der [300] und würfelt eine 5. 300 : 5 = 60. Der Setzstein wird auf die [60] gestellt.
— Der Spieler steht auf der [50] und würfelt eine 6. Die Divisionsaufgabe 50 : 6 ist nicht „glatt" lösbar. Die nächst kleinere Zahl in der Sechserreihe ist die 48.
48:6 = 8. Der Setzstein wird auf die [8] gestellt. Da aber die Ausgangszahl 50 war, verbleibt ein Rest von 2, der in dieser Divisionsaufgabe nicht verarbeitet wurde. Dafür erhält der Spieler 1 Gewinnmarke (falls noch vorhanden) aus dem Restevorrat der 2.
Der Reihe nach werden alle 3 Setzsteine der Spieler ins Ziel gebracht.

SPIELENDE
ist, wenn alle Setzsteine im Spiel sind. Wer dann die meisten (alternativ die wenigsten) Gewinnmarken eingesammelt hat, ist der

SIEGER
dieses Spiels.

HINWEISE:
Die Erklärung des Begriffes „Rest" ist abhängig von der jeweils benutzten Schreibweise bzw. Sprechweise bei der Division, die Erklärung der Spielregel muß darauf Rücksicht nehmen.
— Zur Einführung des Spiels empfiehlt sich eine frontale Demonstration der Setzweise mit nur einem Setzstein. Dazu kann entweder ein Teil der Schlange an die Tafel gezeichnet werden bzw. auf dem Overheadprojektor gearbeitet werden.

Figurenrechnen III

MATERIAL PRO SCHÜLER:
1 Spielplan (Vorlage 45), 1 Bleistift, Lineal

EINZELSPIEL

SPIELVERLAUF:
Jeder Schüler rechnet zunächst die erste Aufgabe. Er rundet das Ergebnis dieser Aufgabe auf volle Zehner, sucht es auf dem Spielplan und streicht es durch. Dann rechnet er die zweite Aufgabe. Jetzt werden diese beiden Zahlen miteinander (Lineal benutzen) verbunden. Der Reihe nach werden jetzt die Ergebnisse gekennzeichnet und Verbindungslinien von dem zuletzt errechneten Ergebnis zu dem neuen Ergebnis hergestellt. Dabei kann es vorkommen, daß gleiche Ergebnisse mehrfach vorkommen, der Linienzug also einen Punkt mehrfach berühren kann. Nach dem Lösen der letzten Aufgabe schließt sich der Linienzug. Bei korrekter Ausführung ergibt sich am Ende eine symmetrische, geometrische Figur.

Kommissar Rechenfix

MATERIAL PRO GRUPPE:
Papier und Bleistift bzw. Tafel und Kreide, wenn dieses Spiel frontal gespielt wird.

ANZAHL DER SPIELER PRO GRUPPE:
beliebig, die Spieler werden in zwei Mannschaften eingeteilt.

SPIELVERLAUF:
Eine Mannschaft denkt sich eine Zahl. Die andere Mannschaft will durch geschicktes Fragen diese Zahl erraten. Dabei sind nur Fragen zugelassen, die auf die Eigenschaften der Zahlen abheben, wie z. B.:
— Ist die Zahl dreistellig?
— Gibt es zwei gleiche Ziffern in der Zahl?
— Ist die Zahl gerade?
— Ist die Hunderterzahl die größte Ziffer?
— Ist die Quersumme kleiner als 5?
— Ist die Summe aus Zehnern und Einern kleiner als der Hunderter?
— Ist das Produkt aus Einern und Zehnern größer als 20?
— ....

Es sind höchstens 20 dieser Fragen zulässig. Ist die fragende Mannschaft der Meinung, daß sie die zu erratende Zahl hinreichend eingegrenzt hat, darf sie die vermeintliche Zahl nennen. Dieses Rateerecht existiert pro Zahl jedoch nur 4 mal. Wurde die Zahl unter diesen Bedingungen erraten, werden die Strafpunkte errechnet: Anzahl der Fragen x Anzahl der Rateversuche.

Beispiel: Mannschaft A hat insgesamt 15 Fragen der oben beschriebenen Art gebraucht. Außerdem wurde insgesamt dreimal eine falsche Zahl genannt. Für die Berechnung der Strafpunkte sind also die Anzahl der Fragen (15) und die Anzahl der Rateversuche (3) zugrunde zu legen. Also ergeben sich 15 x 3 = 45 Strafpunkte.
Jetzt wechseln die Rollen. Die bisher ratende Mannschaft denkt sich eine Zahl aus und die andere Mannschaft muß diese erraten.

SPIELENDE
ist nach Ablauf der zuvor vereinbarten Spielzeit.

SIEGER
ist die Mannschaft, die nach Ablauf der Spielzeit die geringste Punktzahl hat. Es ist darauf zu achten, daß eine gerade Anzahl von Spieldurchgängen durchgeführt wird.

HINWEISE:
— Als vorbereitende Übung empfiehlt sich, daß der Lehrer eine Zahl verdeckt an die Tafel schreibt und alle Schüler auffordert, diese Zahl zu erraten. Bei dieser Gelegenheit kann er dann auch die verschiedenen Fragemöglichkeiten als gut bzw. nicht zulässig klassifizieren. Durch diese Vorgehensweise ist es relativ einfach, Fragen wie „ist die dritte Zahl eine Fünf" schon im Vorfeld abzuwehren.
— Statt der oben beschriebenen schwierigen Form der Punktermittlung kann auch durch eine Zeitvorgabe der Sieger ermittelt werden, indem die fragende Mannschaft 3 (4, 5, ...) Minuten zur Verfügung hat, die Zahl zu erraten. Ist dieses nicht gelungen, erhält sie keinen Punkt und das Fragerecht geht an die andere Gruppe über.

Nautilus IV

MATERIAL PRO GRUPPE:
1 Spielplan (Vorlage 46), Setzsteine in verschiedenen Farben

ANZAHL DER SPIELER PRO GRUPPE:
zwei bis drei

SPIELVERLAUF:
Die Spieler setzen ihre Spielfiguren auf die 3 Startfelder (bei 2 Spielern bleibt ein Startfeld unbesetzt). Im Reihumverfahren rechnen sie nun (nach freier Wahl) eine der beiden Aufgaben auf dem jeweils besetzten Feld (anfangs das Startfeld) und setzen den Spielstein auf das Feld, dessen große Zahl das Ergebnis der gerechneten Aufgabe darstellt. Gelangt ein Spieler auf ein von einem Mitspieler besetztes Feld, so kann er dessen Figur „hinauswerfen", d. h., auf ein beliebiges benachbartes Feld versetzen.

SPIELENDE
ist, wenn der 1. Spieler das Ziel (1000) erreicht hat. Er ist der

SIEGER
dieses Spiels.

Überschlag-Slalom

MATERIAL PRO SPIELER:
1 Plan (Vorlage 47), 1 Bleistift

EINZELSPIEL

SPIELVERLAUF:
Jeder Schüler erhält einen Spielplan, der zunächst verdeckt vor ihm auf dem Tisch liegt. Auf Los dreht jeder

Schüler seinen Plan um und ermittelt durch Überschlagsrechnungen das jeweilige Ergebnis zu jeder Aufgabe und unterstreicht dieses. Das Ziel besteht darin, alle Aufgabentore richtig und möglichst schnell zu durchfahren. Ist ein Schüler im Ziel, deckt er sein Blatt um, geht nach vorne und schreibt seinen Namen an die Tafel. Der zweite schreibt seinen Namen unter den ersten usw. So entsteht im Laufe der Zeit eine vollständige Klassenliste. Sind alle Spieler am Ziel, werden die Bögen partnerweise vertauscht und auf Richtigkeit hin überprüft. Dazu kann der Lehrer das jeweils richtige Ergebnis der entsprechenden Tore nennen. (Richtig ist immer das Ergebnis, dessen zweite Ziffer, von links nach rechts gelesen, ungerade ist.)

Während die Schüler die Anzahl der richtig gerechneten Aufgaben zusammenzählen und unten auf dem Blatt notieren, versieht der Lehrer die Namensliste an der Tafel mit Rangziffern. Dabei erhält der Schüler, der am unteren Ende der Namensliste an der Tafel steht, die Zahl 1, und der Schüler, der an der Spitze der Liste steht, dann entsprechend die höchste Zahl (Anzahl der Schüler, die mitgemacht haben). Mit dieser Arbeit ist das

SPIELENDE
erreicht.

SIEGER
ist der Schüler mit der höchsten Punktzahl. Die Punktzahl wird folgendermaßen bestimmt: Zu der Rangnummer, die an der Tafel steht, wird die doppelte Anzahl der richtigen Aufgaben (diese Zahl wurde bei der gegenseitigen Kontrolle bestimmt) addiert.

HINWEIS:
Bei der Auswertung zeigt sich häufig, daß die schnellsten Rechner viele Fehler machen und dadurch trotz hoher Rangnummer nur mittlere Punktzahlen erreichen.

Schwarzer Peter II

MATERIAL PRO GRUPPE:
1 Satz Karten (Vorlagen 48)

ANZAHL DER SPIELER PRO GRUPPE:
drei bis vier

BESONDERE SPIELVORBEREITUNGEN:
Aus dem Kartenspiel wird vor Spielbeginn eine Karte gezogen und verdeckt beiseite gelegt.

SPIELVERLAUF:
- Die Karten werden gemischt und gleichmäßig an die Mitspieler verteilt. Jeder Spieler nimmt seinen Kartenvorrat aufgefächert in die Hand.
- Zunächst überprüft jeder Spieler, ob sich „Paare“ in seinem Kartenvorrat befinden. Diese dürfen offen abgelegt werden.
- Der Spieler links vom Kartengeber zieht von seinem rechten Nachbarn, also dem Kartengeber, eine Karte aus dem noch in seiner Hand verbliebenen Kartenvorrat. Wenn er mit dieser Karte ein neues „Paar“ bilden kann, darf er dieses offen ablegen. Andernfalls (oder danach) läßt er seinen linken Nachbarn aus seinem noch in der Hand verbliebenen Kartenvorrat herausziehen. Dieser Spieler überprüft jetzt, ob er mit der gezogenen Karte ein neues „Paar“ bilden kann. Diese Vorgehensweise wird im Reihumverfahren fortgeführt. Spieler, die alle Karten abgelegt bzw. denen die letzte Karte vom folgenden Spieler gezogen wurde, scheiden aus. Bei korrektem Spielverlauf bleibt eine einzelne Karte übrig. Damit ist das

SPIELENDE
erreicht. Der Spieler, der diese Einzelkarte besitzt, ist der

VERLIERER
des Spiels. Er ist der „Schwarze Peter“.

HINWEIS:
Die letzte Karte muß mit der vor Spielbeginn ausgesonderten Karte ein „Paar“ bilden, wenn korrekt gespielt wurde.

Zwölf Zahlen - 4 Gleichungen

MATERIAL PRO SCHÜLER:
1 Plan A, 1 Satz Karten I, II, III (Vorlage 49)

EINZELSPIEL

SPIELVERLAUF:
Die ausgeschnittenen 12 Zahlenkarten sind so auf dem Plan anzuordnen, daß 4 korrekte Gleichungen entstehen. Die Auswahl der Zahlen läßt viele Rechnungen zu, so daß in der Regel häufig umgruppiert werden muß. Es empfiehlt sich, mit dem Kartensatz 1 die Technik zunächst einmal über den Overheadprojektor oder an der Tafel frontal auszuprobieren.

HINWEISE:
- Verschiedene fertige Ergebnisse können vom Lehrer an der Tafel gesammelt werden und anschließend

mit den Schülern analysiert werden. Dabei kann herausgearbeitet werden, daß trotz der vermeintlichen Verschiedenheit alle Lösungen quasi gleich sind: In allen Lösungen sind bezogen auf die Punkt-bzw. Strichrechnung diesselben Zahlendrillinge benutzt worden. Die Verschiedenartigkeit ergibt sich durch Ausnutzung des Kommutativgesetzes und durch die Verwandtschaft der Addition mit der Subtraktion bzw. der Multiplikaion mit der Division.

— Es sind gewisse Lösungsstrategien möglich, indem man die Eigenschaften der verschiedenen Zahlen einmal genau betrachtet. Für den Zahlensatz I einige Anmerkungen:

* die 42 ist größer als die Summe der beiden nächstgrößeren Zahlen 13 und 24; sie muß also durch eine Multiplikation erzeugt werden.
* Ähnliches gilt dann für die 24 : 12 + 13 ist größer als 24 : 10 + 13, aber kleiner; also muß auch die 24 multiplikativ erzeugt werden.
* Die 13 als Primzahl kommt nicht als Vielfaches noch einmal vor, also muß sie im Rahmen der Addition erarbeitet werden.

Bei Berücksichtigung dieser Eckdaten und bei gleichzeitiger Berücksichtigung der Zusammengehörigkeit bei den Punkt- bzw. Strichrechnungen ist die Lösung der gesamten Aufgabe dann relativ leicht. Ähnliche Betrachtungen sind auch für den Kartensatz II bzw. III hilfreich.

Nachbarfelder II

MATERIAL PRO GRUPPE:
1 Spielplan (Vorlage 50), Stifte in verschiedenen Farben, 3 normale Spielwürfel (Augenzahl 1 bis 6)

ANZAHL DER SPIELER PRO GRUPPE:
zwei bis fünf

SPIELVERLAUF:
Im Reihumverfahren wird mit den 3 Würfeln geworfen. Der jeweilige Spieler darf die Werte von 2 oder 3 Würfeln mit Hilfe der 4 Grundrechenarten miteinander verknüpfen. Die Aufgabe wird laut vorgerechnet und das Ergebnis genannt. Befindet sich dieses Ergebnis auf dem Spielplan, so darf der Spieler dieses Feld mit seiner Farbe schraffieren, wenn dieses Feld ein Nachbarfeld ist. Nachbarfelder sind Felder, die an bereits besetzte Felder diagonal, waagerecht oder senkrecht angrenzen. Zu Beginn des Spiels handelt es sich dabei um die Felder, die an das schwarze Mittelfeld angrenzen.

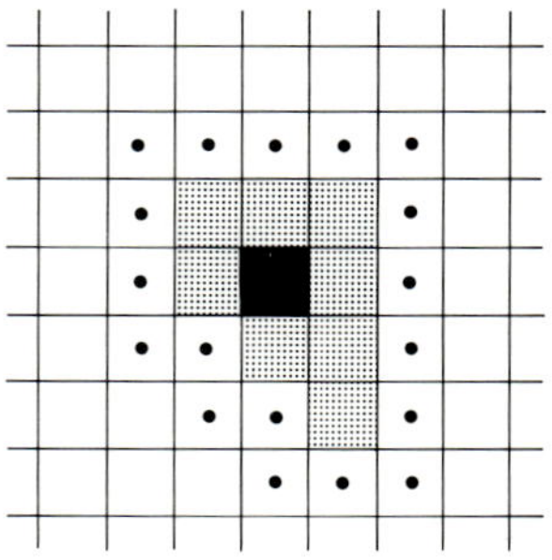

In der Abbildung sind „Nachbarfelder“ durch Punkte gekennzeichnet. Die dunklen Felder sind bereits besetzte Felder.

SPIELENDE
ist, wenn alle Felder besetzt sind, bzw. wenn die zuvor vereinbarte Spielzeit abgelaufen ist. Wer bei Spielende die meisten Felder schraffiert hat, ist der

SIEGER
dieses Spiels.

HINWEIS:
Um alle Schüler zu aktivieren, können alle Mitspieler gleichzeitig rechnen. Die Ergebnisse werden dann reihum abgerufen und entsprechend der o. a. Regel notiert.

Hellsehen

MATERIAL PRO GRUPPE:
Papier und Bleistift

EINZELSPIEL

SPIELVERLAUF:
1. Die Schüler werden aufgefordert, eine dreistellige Zahl freier Wahl aufzuschreiben. Jetzt sollen sie die Ziffern der Größe nach ordnen und zwei Zahlen daraus bilden, eine, die mit der größten Ziffer beginnt und zu den Einern hin immer kleiner wird und eine, die mit der kleinsten Ziffer beginnt, und zu den Einern hin immer größer wird. Jetzt ist die kleinere von der größeren zu subtrahieren. Mit dem Ergebnis wird genauso verfahren.

Beispiel:

Dreistellige Zahl	: 365	
größte Zahl	: 653	
kleinste Zahl	: 356	
Differenz	: 653 - 356 =	297
Neue dreistellige Zahl:		297
größte Zahl	:	972
kleinste Zahl	:	279
Differenz	:	972 - 279 = 693

Der Lehrer behauptet nun, daß dieses Verfahren an irgendeiner Stelle immer zu gleichen Ergebnissen führt und daß dieses Ergebnis die Zahl 495 ist.

2. Nach derselben Regel kann mit vierstelligen Zahlen verfahren werden. Die Prognose des Lehrers lautet: nach spätestens 7 Rechenvorgängen lautet das Ergebnis 6174.

3. Ein Schüler schreibt seine Telefonnummer an die Tafel. Der Lehrer schreibt verdeckt auf die Rückseite der Tafel das Ergebnis der noch zu rechnenden Aufgabe (von der Zahl werden 2 subtrahiert und eine 2 vor die Zahl geschrieben). Jetzt schreibt ein weiterer Schüler seine (gleichlange!) Telefonnummer unter die seines Mitschülers, danach erfindet der Lehrer eine Telefonnummer, die er ebenfalls unter die Zahlen schreibt. Dieser Vorgang wird noch einmal wiederholt. Im Anschluß sollen die Schüler die 5 Zahlen addieren, das Ergebnis steht verdeckt an der Tafel!

Hinweis zum „Erfinden" der beiden Telefonnummern: Die vorgegebene Telefonummer wird ziffernweise zur 9 ergänzt und die Ergänzungsziffer notiert.

Beispiel:
— erste Telefonnummer: 58327
— 2 subtrahieren und eine 2 vor die Zahl schreiben ergibt das Ergebnis: 258325
— zweite Telefonnummer: 23791
— Lehrer erfindet, indem er immer zur 9 ergänzt: 76208
— dritte Telefonnummer: 96231
— Lehrer erfindet: 3768

Es ergibt sich folgende Aufgabe:

```
   58327
   23791
   76208
   96231
+   3768
```

Das Ergebnis dieser Aufgabe ist tatsächlich: 258325!

Additionspuzzle /Subtraktionspuzzle

MATERIAL PRO SCHÜLER:
1 Legeplan und 1 Satz Zahlen 1 bis 9
Additionspuzzle: Vorlage 51;
Subtraktionspuzzle: Vorlage 52

EINZELSPIELE

SPIELVERLAUF:
Die Ziffern 1 bis 9 am unteren Rand der Vorlage werden ausgeschnitten und sollen bei jedem einzelnen Beispiel so angeordnet werden, daß jeweils richtige Aufgaben entstehen. Die gefundenen Beispiele können schriftlich notiert werden.

HINWEISE:
— Dieses Spiel eignet sich besonders als Hausaufgabe oder bzw. als Stillarbeit.
— Die Schüler können aufgefordert werden, zu bestimmten Beispielen mehrere Lösungen zu finden. Der Vergleich der Lösungen ist manchmal recht interessant, weil einige Lösungen sich nur darin unterschieden, daß innerhalb der Kolonne Ziffern gegeneinander vertauscht wurden. Ein Beispiel dazu liefert die folgende Abbildung:

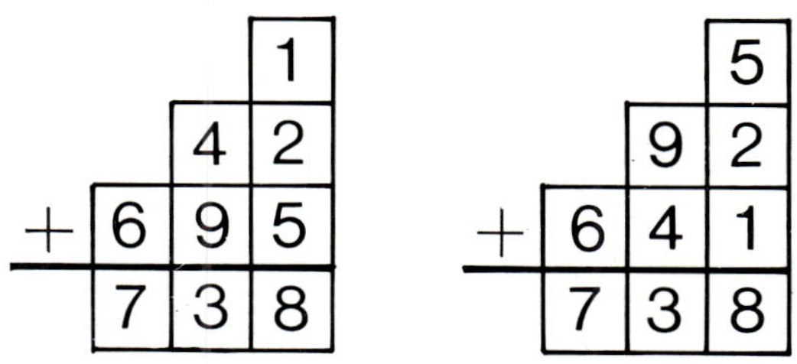

Kreuzzahlrätsel

MATERIAL PRO SPIELER:
Ein Rätselplan (Vorlage 53 bzw. 54; 55, 56)

EINZELSPIEL

SPIELVERLAUF:
Die gestellten Aufgaben sind zu berechnen und entsprechend der Vorgabe waagerecht oder senkrecht an den passenden Stellen im Diagramm einzutragen. In jedes Feld darf nur jeweils eine Ziffer eingetragen werden. Bei fehlerfreiem Rechnen dürfen bei gemeinsam benutzten Feldern für senkrechte bzw. waagerechte Aufgaben keine Konflikte entstehen. Diese Felder eignen sich besonders für eine globale Schnellkontrolle durch den Lehrer.

Mehrwert

MATERIAL PRO GRUPPE:
1 Kartenspiel (Vorlage 57)

ANZAHL DER SPIELER PRO GRUPPE:
drei bis vier

SPIELVERLAUF:
Die Karten werden gemischt und gleichmäßig an die Mitspieler verteilt. Jeder Spieler legt seine Karten verdeckt als Kartenstapel vor sich auf den Tisch. -Alle Spieler decken ihre oberste Karte auf. Die aufgedeckten Werte werden miteinander verglichen. Derjenige Schüler, der die Karte mit dem höchsten Geldwert aufgedeckt hat, bekommt alle Karten zugesprochen und legt sie wiederum verdeckt unter seinen Stapel.

SPIELENDE
ist nach Ablauf der zuvor vereinbarten Spielzeit.

SIEGER
ist der Spieler, der bei Spielende die meisten Karten besitzt.

HINWEISE:
— Das Spielende kann auch dadurch bestimmt werden, daß solange gespielt wird, bis ein Spieler keine Karten mehr hat.
— Es ist ebenfalls denkbar, das Spiel solange zu spielen, bis ein Schüler alle Karten eingesammelt hat. Die Schüler, die durch Verbrauch ihrer Karten bereits ausgeschieden sind, fungieren als Schiedsrichter.
— Nach denselben Spielregeln kann auch gespielt werden, indem nach der jeweils kleinsten Wert gefragt wird. In diesem Fall bekommt der Schüler alle ausgespielten Karten zugesprochen, der den jeweils keinsten Kartenwert ausgespielt hat.
— Das Kartenspiel kann auch nach den Regeln des „Schwarzen Peter“ gespielt werden.

Gleichlang

MATERIAL PRO GRUPPE:
1 Kartenspiel (Vorlagen 58)

ANZAHL DER SPIELER PRO GRUPPE:
drei bis vier

SPIELVERLAUF:
Die Karten werden gemischt und gleichmäßig an die Mitspieler verteilt. Jeder Spieler legt seine Karten verdeckt als Kartenstapel vor sich auf den Tisch. - Alle Spieler decken ihre oberste Karte auf. Die aufgedeckten Werte werden miteinander verglichen. Derjenige Schüler, der die Karte mit dem höchsten Längenwert aufgedeckt hat, bekommt alle Karten zugesprochen und legt sie wiederum verdeckt unter seinen Stapel. Achtung! Es ist möglich, daß zwei Spieler den höchsten Wert aufgedeckt haben. Diese Spieler entscheiden dann durch ein Stechen, wer die ausgespielten Karten einsammeln darf. Dazu decken diese Spieler wiederum ihre oberste Karte auf. Wer jetzt den höchsten Wert hat, bekommt alle ausgespielten Karten zugesprochen. Dieses Verfahren wird so oft wiederholt, bis eine Entscheidung gefallen ist.

SPIELENDE
ist nach Ablauf der zuvor vereinbarten Spielzeit.

SIEGER
ist der Spieler, der bei Spielende die meisten Karten besitzt.

HINWEISE:
— Das Spielende kann auch dadurch bestimmt werden, daß solange gespielt wird, bis ein Spieler keine Karten mehr hat.
— Es ist ebenfalls denkbar, das Spiel solange zu spielen, bis ein Schüler alle Karten eingesammelt hat. Die Schüler, die durch Verbrauch ihrer Karten bereits ausgeschieden sind, fungieren als Schiedsrichter.
— Nach denselben Spielregeln kann auch gespielt werden, indem nach der jeweils kleinsten Zahl gefragt wird. In diesem Fall bekommt der Schüler alle ausgespielten Karten zugesprochen, der den jeweils kleinsten Kartenwert ausgespielt hat. Der kleinste Kartenwert gilt auch für das Stechen.
— Das Kartenspiel kann auch nach den Regeln des „Schwarzen Peter“ gespielt werden.

Zeitjux

MATERIAL PRO GRUPPE:
1 Satz Karten (Vorlage 59)

ANZAHL DER SPIELER PRO GRUPPE:
zwei bis vier

SPIELVERLAUF:
Das Spiel wird nach den bekannten Regeln des Memory durchgeführt.

Die Karten werden gemischt und verdeckt auf dem Tisch verteilt. Im Reihumverfahren decken die Spieler jeweils 2 Karten auf. Sind die Angaben auf diesen beiden Karten identisch (z. B.: „drei Minuten vor vor acht“ und „Sieben Uhr zweiundvierzig“), darf der aufdeckende Spieler dieses Paar behalten und darf ein weiteres Mal zwei Karten aufdecken. Deckt er zwei Karten auf, die nicht zueinander passen, geht das Aufdeckrecht an den nächsten Spieler weiter.

SPIELENDE
ist, wenn alle Karten aufgedeckt sind. Derjenige Spieler, der bei Spielende die meisten Karten eingesammelt hat, ist der

SIEGER
dieses Spiels.

HINWEISE:
— Es ist darauf zu achten, daß die aufgedeckten Karten von allen Spielern gut eingesehen werden können. Dieses kann dadurch verstärkt werden, daß nicht der Spieler die Karten wieder zurückdeckt, der sie aufgedeckt hat, sondern der nächste Spieler, ehe er von seinem Aufdeckrecht Gebrauch macht.
— Es soll u.a. auch die Merkfähigkeit geschult werden. Es widerspricht deshalb dem Sinn des Spiels, nach dem Zurückdecken der aufgedeckten Karten einen erneuten Mischvorgang vorzunehmen.
— Ein Paar besteht immer aus einer vertexteten Zeitangabe und einer Digital- bzw. Analoganzeige.

Innerhalb - außerhalb

MATERIAL PRO GRUPPE:
Stifte, Karopapier (Rechenheft)

ANZAHL DER SPIELER PRO GRUPPE:
zwei

BESONDERE SPIELVORBEREITUNGEN:
Es wird auf einem Spielfeld gearbeitet, das ähnlich gestaltet ist wie das allen Kindern bekannte Spiel „Schiffe versenken“:

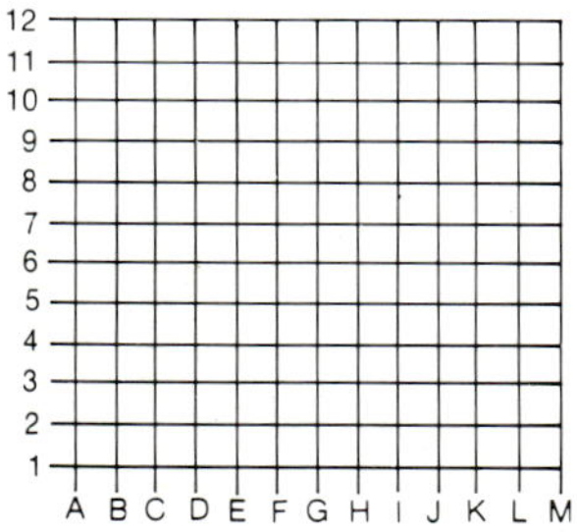

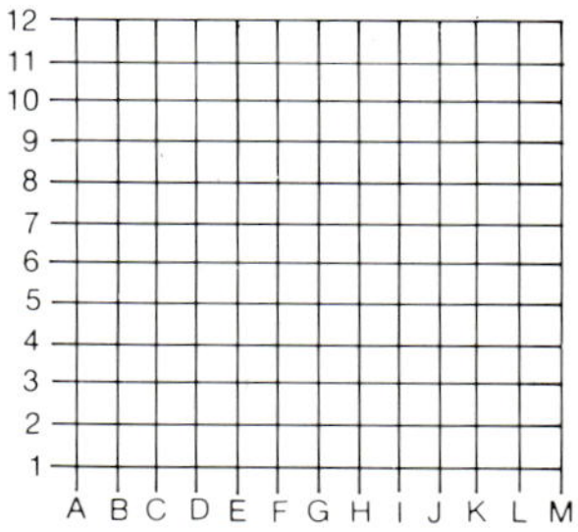

Der Unterschied zu dem Spiel „Schiffe versenken“ besteht darin, daß hier die Linien und nicht die Felder bezeichnet sind.

SPIELVERLAUF:
Jeder Spieler schraffiert verdeckt auf einem Teil des Plans ein Feld, das aus 8, (9, 10 . . .) zusammenhängenden Quadraten besteht. Abwechselnd wird jetzt ein Kreuzungspunkt genannt (z. B. C8). Der Gegner prüft, ob sich dieses Kreuz innerhalb, außerhalb oder auf dem Rand seiner schraffierten Figur befindet und antwortet entsprechend. Muß er mit „innerhalb“ antworten, darf der Fragende noch eine weitere Frage stellen. Andernfalls wechselt das Fragen. Ist ein Spieler der Meinung, daß er das Feld des Gegners vollständig erfaßt hat, nennt er ihm alle Eckpunkte (Achtung: bei verwinkelten Figuren existieren mehr als 4 Eckpunkte). Stimmen die Angaben mit der Zeichnung des Gegners überein, so ist das

SPIELENDE
erreicht. Derjenige Spieler, der das Feld des Gegners erraten hat, ist der

SIEGER
dieses Spiels.

HINWEIS:
Anfangs sollten nur rechteckig begrenzte Felder zugelassen werden.

Fünflinge gesucht

MATERIAL PRO GRUPPE:
Scheren, zweimal Quadratgitterpapier (Vorlage 60)

ANZAHL DER SPIELER PRO GRUPPE:
zwei

BESONDERE SPIELVORBEREITUNGEN:
Die Spieler sollen gemeinsam versuchen, möglichst viele verschiedene Quadratfünflinge auszuschneiden. Ein Quadratfünfling besteht aus fünf aneinanderhängenden Quadraten. Die Quadrate müssen sich dabei mindestens in einer ganzen Quadratseite berühren. Die Abbildung zeigt alle 12 verschiedenen Quadratfünflinge (nach dem Ausschneiden ist es unerheblich, wie die Fünflinge liegen; dreh- und klappsymmetrische gelten deshalb als gleich).

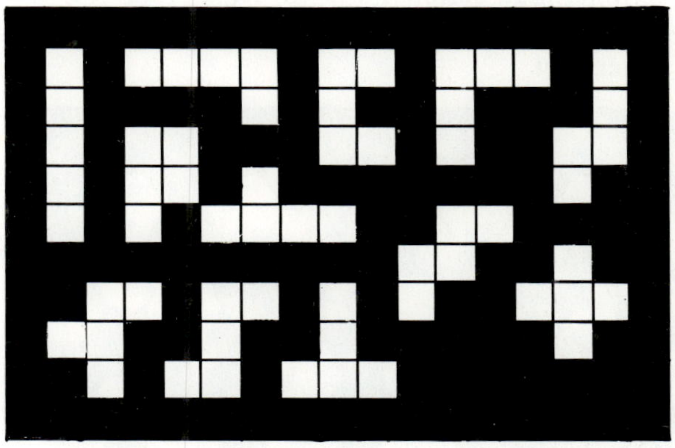

Mit Hilfe von Steckbausteinen oder einzeln ausgeschnittenen Quadraten kann zunächst einmal durch Legen oder Stecken überprüft werden, welcher Fünfling noch auszuschneiden ist.
Die Vollständigkeit kann über den Overheadprojektor kontrolliert werden.
Die eigentliche spielerische Auseinandersetzung mit diesem Material beginnt nach der Herstellung. Dieses kann auch an einem anderen Tag geschehen. Dazu sind die Quadratfünflinge in einem Briefumschlag o.ä. aufzubewahren:

SPIELVERLAUF:
Die Schüler legen 8 bis 10 der 12 Fünflinge auf ein unverbrauchtes Blatt von dem Gitterpapier. Die Fünflinge sollen sich berühren, es muß aber keine insgesamt dichte Fläche entstehen (es können also freie Felder zwischen den Fünflingen liegen). Im Anschluß daran wird der Umriß dieser Figur mit einem Filzstift o.ä. fixiert. Zusätzlich kann noch der Außenbereich der Figur leicht schraffiert werden. Jeder Spieler erhält jetzt 6 der 12 Quadratfünflinge. Im Wechsel wird jeweils einer der Fünflinge auf dem Plan in das Innere der zuvor gezeichneten Figur abgelegt. Der Ablageort ist beliebig, d. h., die Figuren müssen sich nicht berühren.

Es soll versucht werden, durch geschicktes Ablegen die Felder innerhalb der Figur so zu belegen, daß der Gegner seine Figuren nicht mehr auf dem Plan unterbringen kann.

SIEGER
dieses Spiels ist, wer als Letzter noch die Möglichkeit hatte, einen seiner Fünflinge abzulegen.

HINWEISE:
— Wenn jeder Spieler einen vollständigen Satz von Fünflingen zur Verfügung hat, kann auch auf einem größeren Plan gespielt werden. Dieser kann gegebenenfalls zuvor vom Lehrer hergestellt und vom Lehrer entsprechend vervielfältigt werden.
— Weitere Übungen mit diesem Material werden unter der Überschrift „Elefant und Kaktus" beschrieben.
— Ähnliche Übungen sind auch mit Sechseckvierlingen möglich, ein Plan zum Herstellen dieser Sechseckvierlinge befindet sich in der Vorlage 62. Die sieben verschiedenen Sechseckvierlinge sind hier abgebildet.

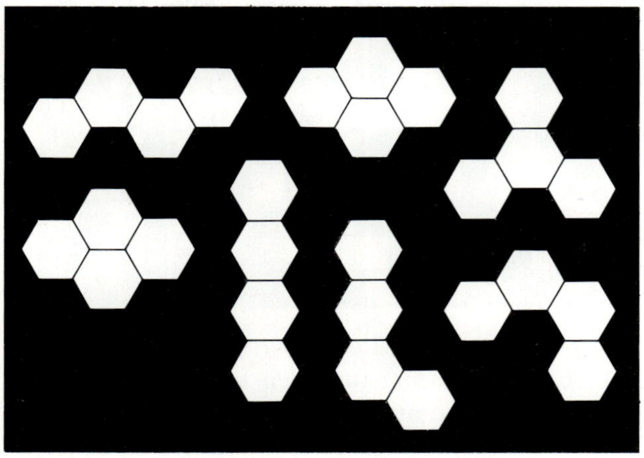

— Auch mit Dreiecken sind ähnliche Parkettierungsübungen möglich. Es bietet sich an, Dreieckssechslinge zu konstruieren und auszuschneiden. Ein entsprechendes Gitterpapier findet sich in der Vorlage 61, die 12 verschiedenen Dreieckssechslinge sind unten abgebildet.

Elefant und Kaktus

MATERIAL PRO SCHÜLER:
1 Satz Quadratfünflinge (Vorlage 60), 1 Spielplan (Vorlage 63)

EINZELSPIEL

BESONDERE SPIELVORBEREITUNGEN:
Vor Spielbeginn sind die 12 Quadratfünflinge herzustellen (weitere Hinweise hierüber finden sich unter der Spielanleitung: Fünflinge gesucht)

SPIELVERLAUF:
Die Schüler sollen versuchen, die 12 Quadratfünflinge so auf dem Plan zu verteilen, daß sowohl der Elefant als auch der Kaktus vollständig ausgefüllt sind.
Vor Spielbeginn empfiehlt es sich, gemeinsam mit den Schülern darüber nachzudenken, an welchen Stellen des Plans geschickterweise mit dem Auslegen begonnen wird (Rüsselspitze und Kaktus).

HINWEISE:
— Die Spieler können aufgefordert werden, aus ihrem Satz Quadratfünflingen Figuren eigener Erfindung zu legen und diese auf Karopapier zu übertragen. Wenn hierbei nur Umrisse gezeichnet werden, können diese Zeichnungen wiederum als Vorlagen für andere Schüler benutzt werden.
— Der Lehrer schreibt mehrere Figurennamen an die Tafel (Schnecke, Maus, Dackel, ...). Die Schüler werden aufgefordert, mit ihren 12 Quadratfünflingen eine dieser Figuren auf einer Folie nachzulegen. Nach Abschluß dieser Arbeit können fertige Figuren auf den Overheadprojektor gelegt werden und die Klasse kann gemeinsam raten, welche der vorgeschlagenen Figuren hier gelegt wurde.

Vorlage 1 Kleiner oder Größer

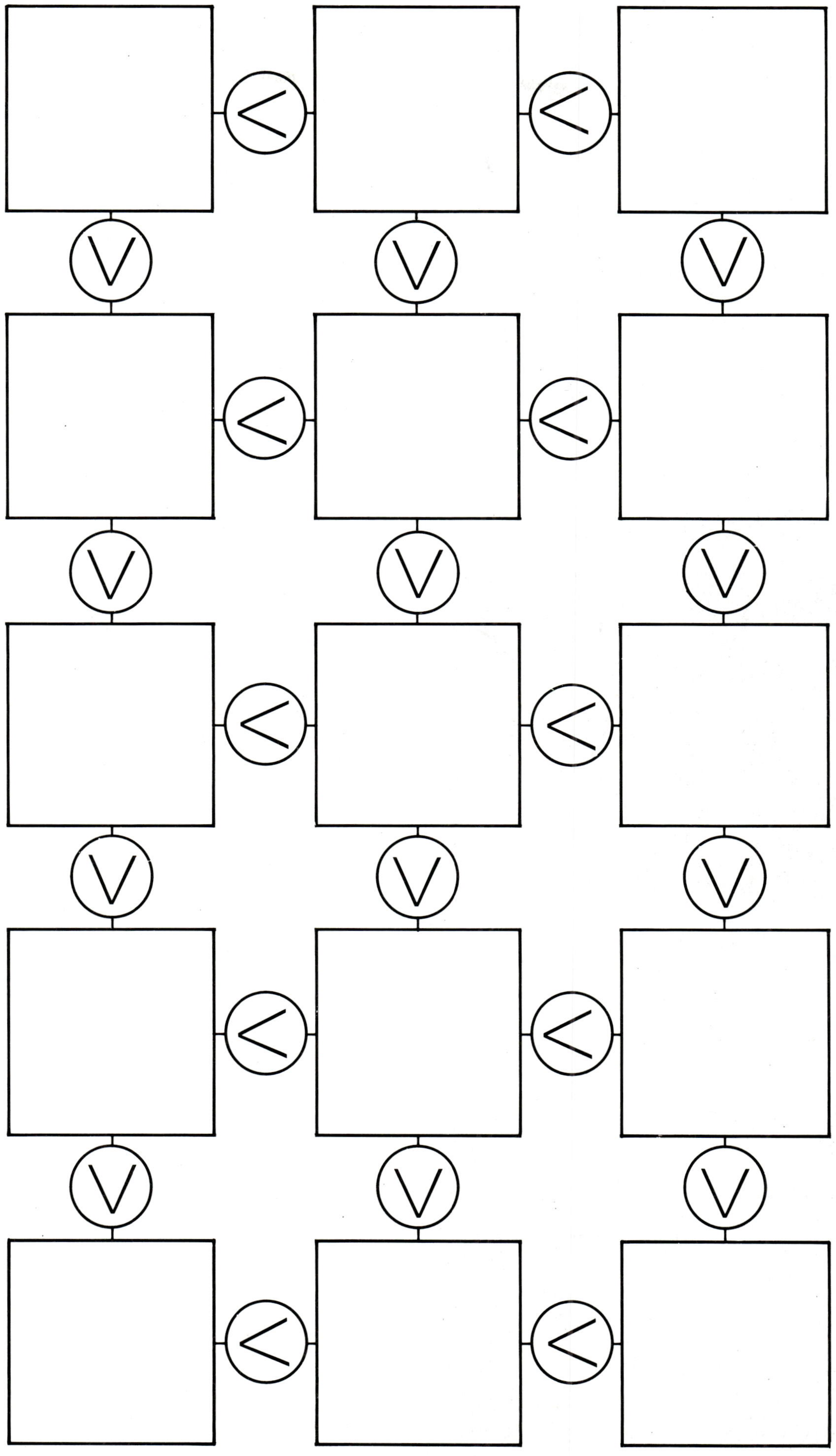

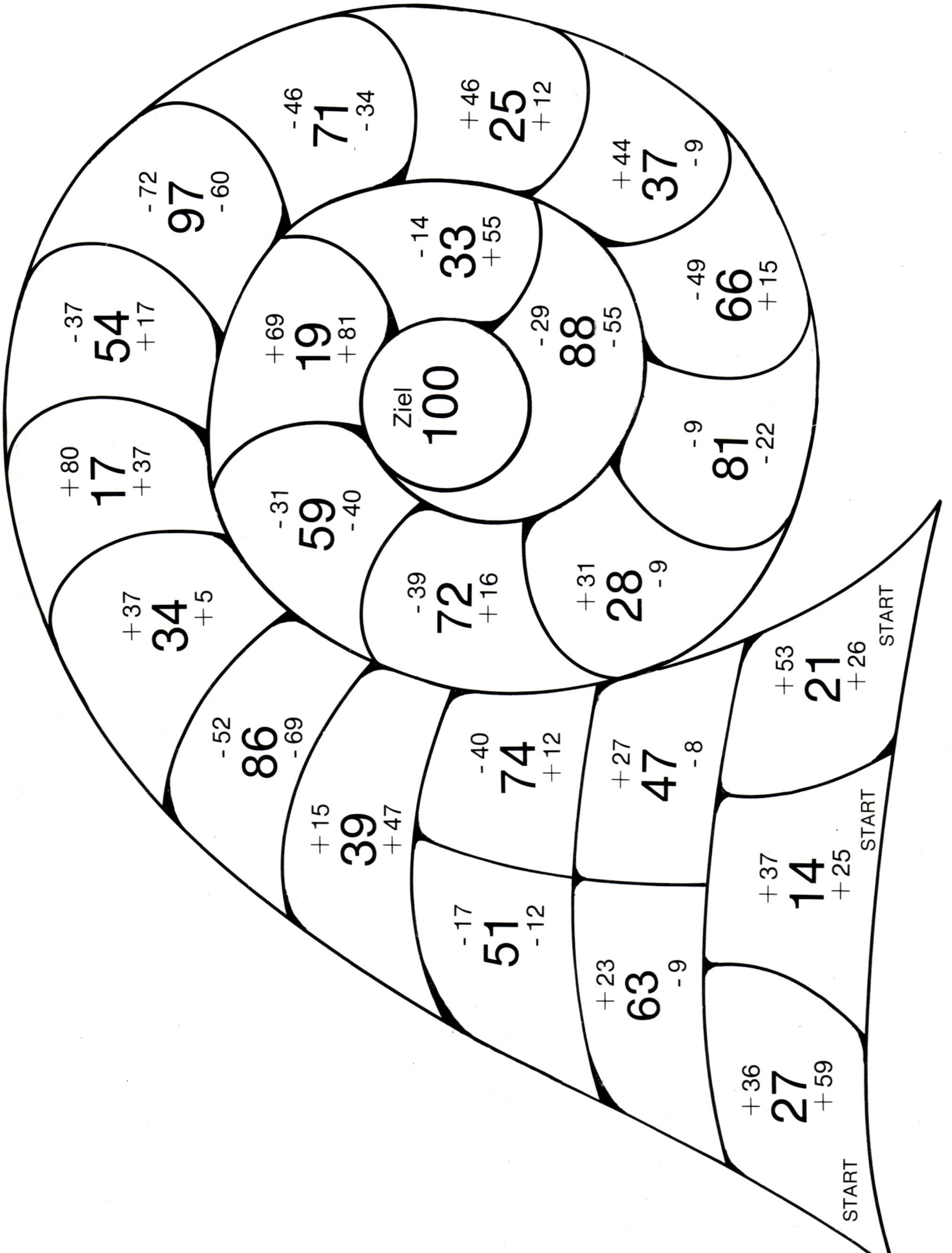
Ziel
100
-14 33 +55
-29 88 -55
+69 19 +81
-31 59 -40
-39 72 +16
+31 28 -9
-9 81 -22
-49 66 +15
+44 37 -9
+46 25 +12
-46 71 -34
-72 97 -60
-37 54 +17
+80 17 +37
+37 34 +5
-52 86 -69
+15 39 +47
-40 74 +12
+27 47 -8
+53 21 +26
START
+37 14 +25
START
-17 51 -12
+23 63 -9
+36 27 +59
START

Vorlage 3 Nautilus II

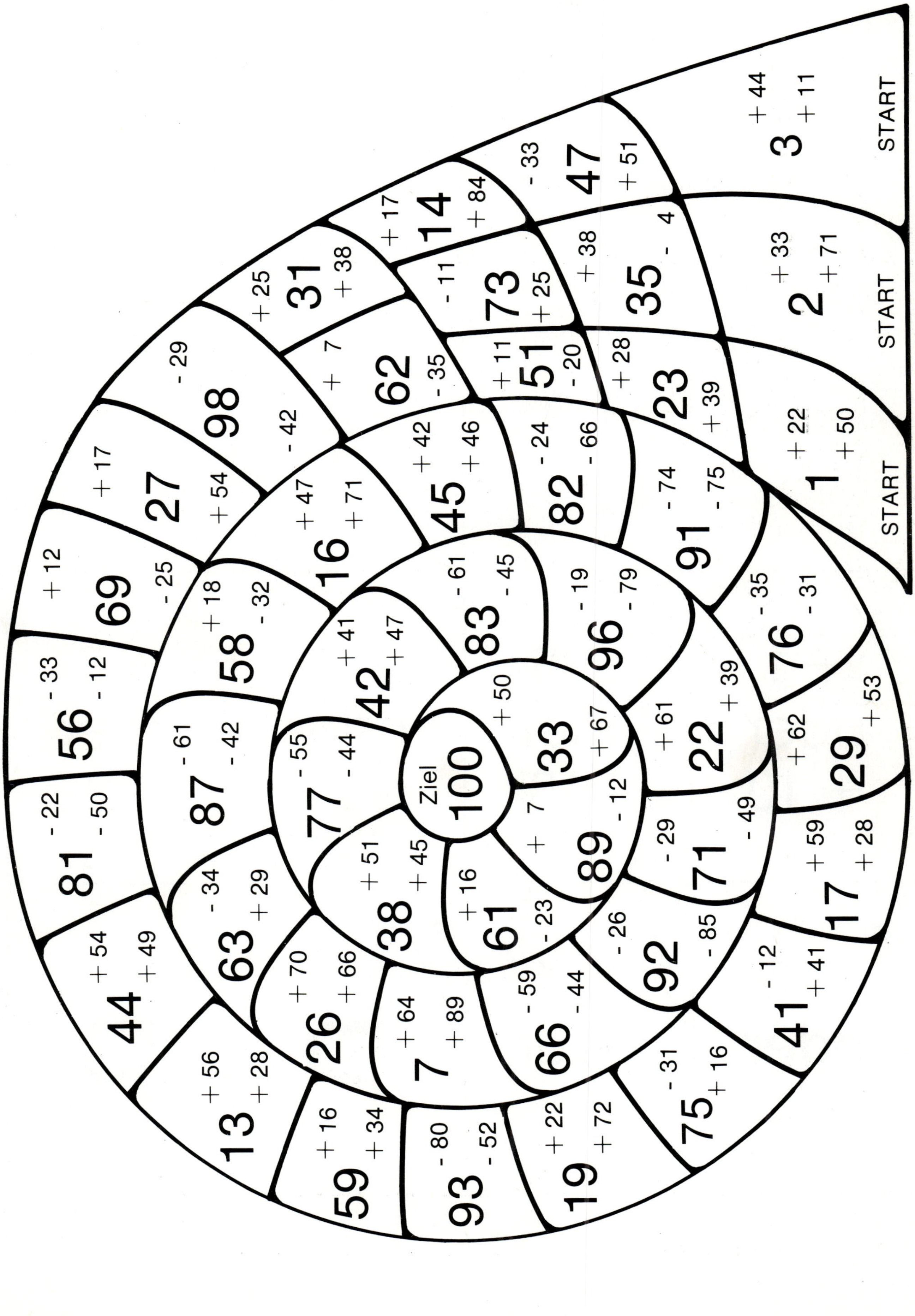

Vorlage 4 Immer unter 50

+8 +8	+7 +7	+6 +6	+4 +4
+9 +9	+9 +9	-2 -2	-3 -3
+1 oder +10 +1 oder +10	+5 oder -13 +5 oder -13	+11 oder -11 +11 oder -11	+3 oder -2 +3 oder -2
+6 oder -4 +6 oder -4	+4 oder -1 +4 oder -1	P P	P P

✂ Nur gestrichelte Linien ausschneiden!

Vorlage 5 X oder U

47	54	37
73	35	36
57	38	43
85	87	92

56	54	92
41	64	84
45	37	46
36	42	63

35	74	63
57	55	42
85	93	45
38	88	46

43	84	88
64	47	87
73	55	56
93	74	41

✂ **Nur gestrichelte Linien ausschneiden!**

Vorlage 6

17 + 18 = 35	20 + 21 = 41	27 + 19 = 46	39 + 17 = 56
47 + 26 = 73	58 + 29 = 87	18 + 19 = 37	18 + 25 = 43
25 + 29 = 54	28 + 35 = 63	36 + 48 = 84	44 + 48 = 92
12 + 24 = 36	17 + 25 = 42	11 + 36 = 47	39 + 18 = 57
48 + 26 = 74	59 + 29 = 88	13 + 25 = 38	22 + 23 = 45
26 + 29 = 55	29 + 35 = 64	37 + 48 = 85	44 + 49 = 93

83 - 48 = 35	70 - 29 = 41	83 - 37 = 46	94 - 38 = 56
92 - 19 = 73	95 - 8 = 87	82 - 45 = 37	81 - 38 = 43
82 - 28 = 54	92 - 29 = 63	92 - 8 = 84	99 - 7 = 92
74 - 38 = 36	81 - 39 = 42	62 - 15 = 47	94 - 37 = 57
92 - 18 = 74	96 - 8 = 88	72 - 34 = 38	62 - 17 = 45
83 - 28 = 55	93 - 29 = 64	92 - 7 = 85	99 - 6 = 93

✂ **Nur gestrichelte Linien ausschneiden!**

Vorlage 7 Zauberquadrate I

Neunerfeld

Satz I

1	2	3	4	5
6	7	8	9	Zauber-zahl **15**

Satz II

4	5	6	7	8
9	10	11	12	Zauber-zahl **24**

Satz III

1	2	3	12	13
14	23	24	25	Zauber-zahl **39**

✂ **Nur gestrichelte Linien ausschneiden!**

Vorlage 8 Domino-Puzzle

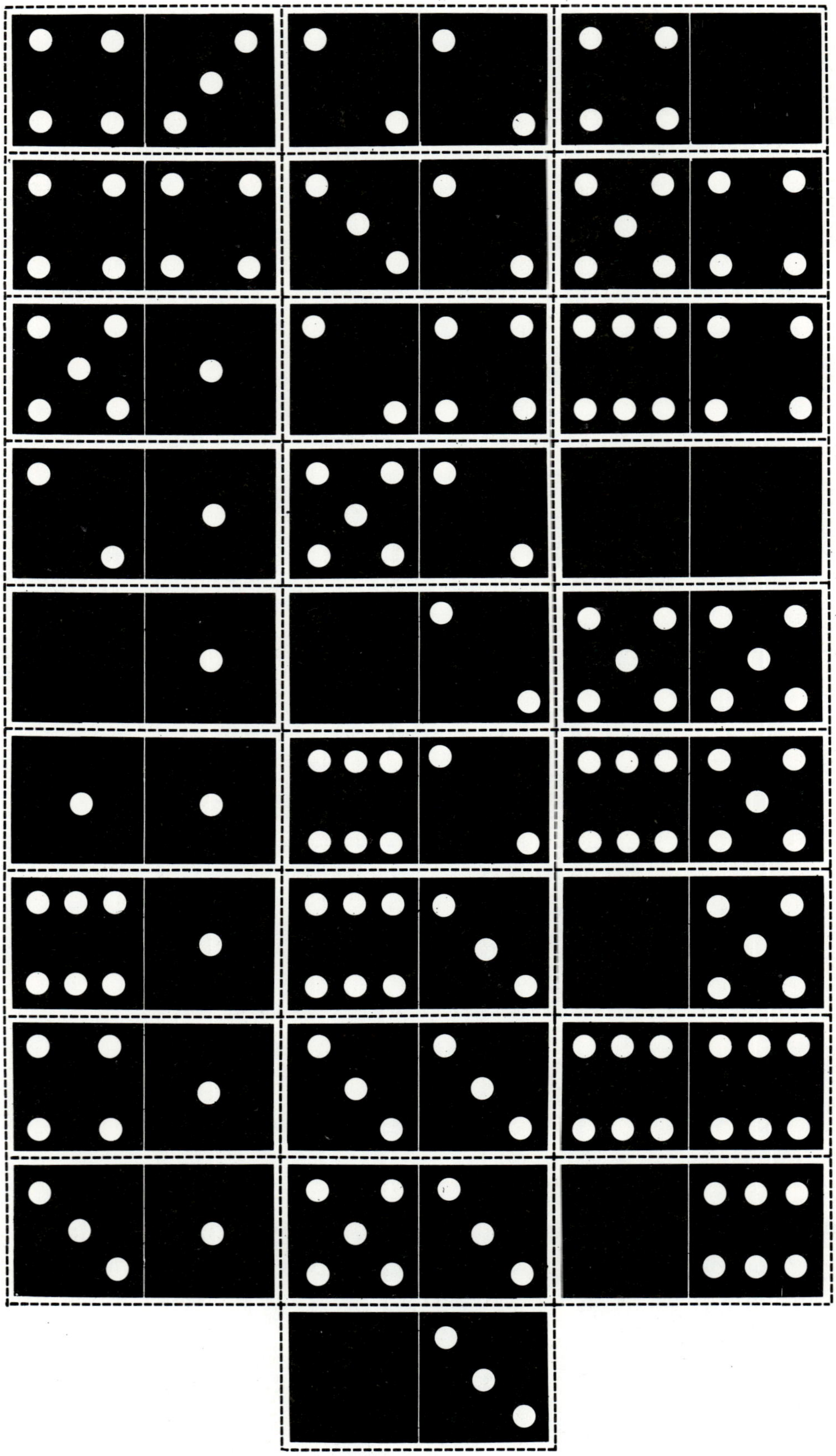

✂ **Nur gestrichelte Linien ausschneiden!**

Vorlage 9 Quadrat-Domino

Feld	oben	links	rechts	unten
Reihe 1, Feld 1	74	30 - 11	86 - 38	36
Reihe 1, Feld 2	36	95 - 21	70 - 22	19
Reihe 1, Feld 3	74	80 - 44	31 + 17	19
Reihe 2, Feld 1	84 - 10	19	48	60 + 0
Reihe 2, Feld 2	7 + 12	60	48	40 + 34
Reihe 2, Feld 3	50 - 31	74	48	17 + 43
Reihe 3, Feld 1	60	3 + 16	62 - 14	74
Reihe 3, Feld 2	74	95 - 35	9 + 39	19
Reihe 3, Feld 3	60	82 - 8	28 + 20	19
Reihe 4, Feld 1	47 - 11	19	60	5 + 69
Reihe 4, Feld 2	99 - 80	74	60	15 + 21
Reihe 4, Feld 3	25 - 6	36	60	38 + 36
Reihe 5, Feld 1	74	5 + 14	15 + 45	36
Reihe 5, Feld 2	36	15 + 59	6 + 54	19
Reihe 5, Feld 3	74	4 + 32	70 - 12	19

✂ Nur gestrichelte Linien ausschneiden!

Vorlage 9 Quadrat-Domino

57 - 21 60 48 96 - 22	28 + 36 36 48 24 + 36	44 - 8 74 48 82 - 22
74 30 + 30 10 + 38 36	60 20 + 16 24 + 24 74	60 50 + 24 16 + 32 36
6 + 30 19 48 9 + 51	15 + 4 60 48 19 + 17	44 - 25 36 48 83 - 23
60 10 + 9 60 - 12 36	36 100 - 40 100 - 52 19	60 50 - 14 5 + 43 19
18 + 18 19 48 100 - 26	8 + 11 74 48 99 - 63	20 - 1 36 48 39 + 35

✂ Nur gestrichelte Linien ausschneiden!

Vorlage 10 Der fragwürdige Lindwurm I

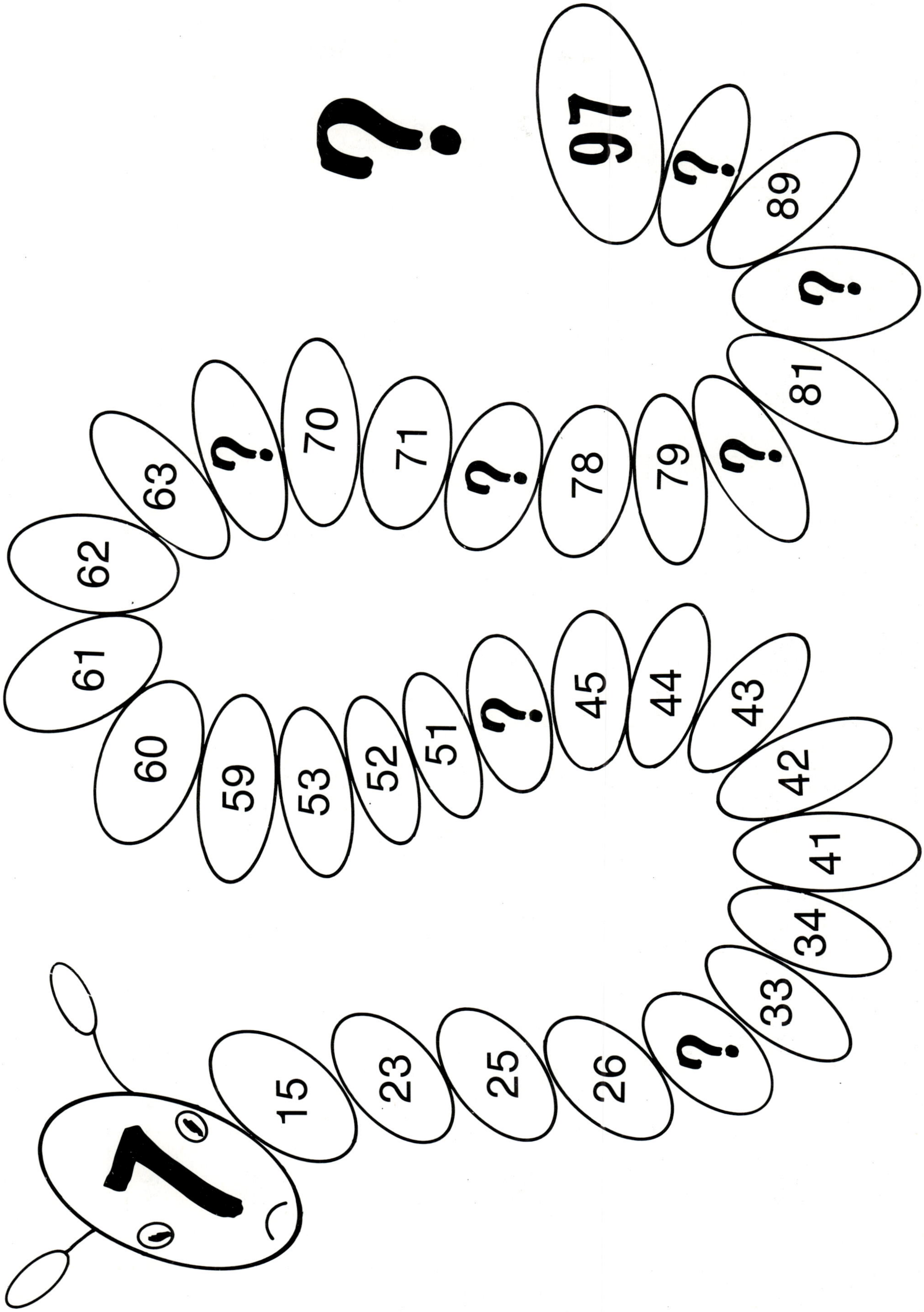

Vorlage 11

Ereigniskarten I

56 : 8 56 : 8	42 : 6 42 : 6	54 : 9 54 : 9	64 : 8 64 : 8
72 : 9 72 : 9	48 : 6 48 : 6	7 · 7 7 · 7	7 · 9 7 · 9
6 · 9 6 · 9	6 · 8 6 · 8	8 · 7 8 · 7	9 · 9 9 · 9
45 - 36 45 - 36	84 - 17 84 - 17	66 - 49 66 - 49	51 - 48 51 - 48
92 - 28 92 - 28	73 - 25 73 - 25	36 + 35 36 + 35	68 + 23 68 + 23
52 + 19 52 + 19	43 + 39 43 + 39	27 + 55 27 + 55	19 + 34 19 + 34

Ereigniskarten II

190 + 340 190 + 340	270 + 550 270 + 550	430 + 390 430 + 390	520 + 190 520 + 190
680 + 230 680 + 230	360 + 350 360 + 350	730 - 250 730 - 250	920 - 280 920 - 280
510 - 480 510 - 480	660 - 490 660 - 490	840 - 170 840 - 170	450 - 360 450 - 360
9 · 90 9 · 90	8 · 70 8 · 70	6 · 80 6 · 80	6 · 90 6 · 90
7 · 90 7 · 90	7 · 70 7 · 70	480 : 60 480 : 60	720 : 90 720 : 90
640 : 80 640 : 80	540 : 90 540 : 90	420 : 60 420 : 60	560 : 80 560 : 80

✂ **Nur gestrichelte Linien ausschneiden!**

Vorlage 12 Nürburgring I

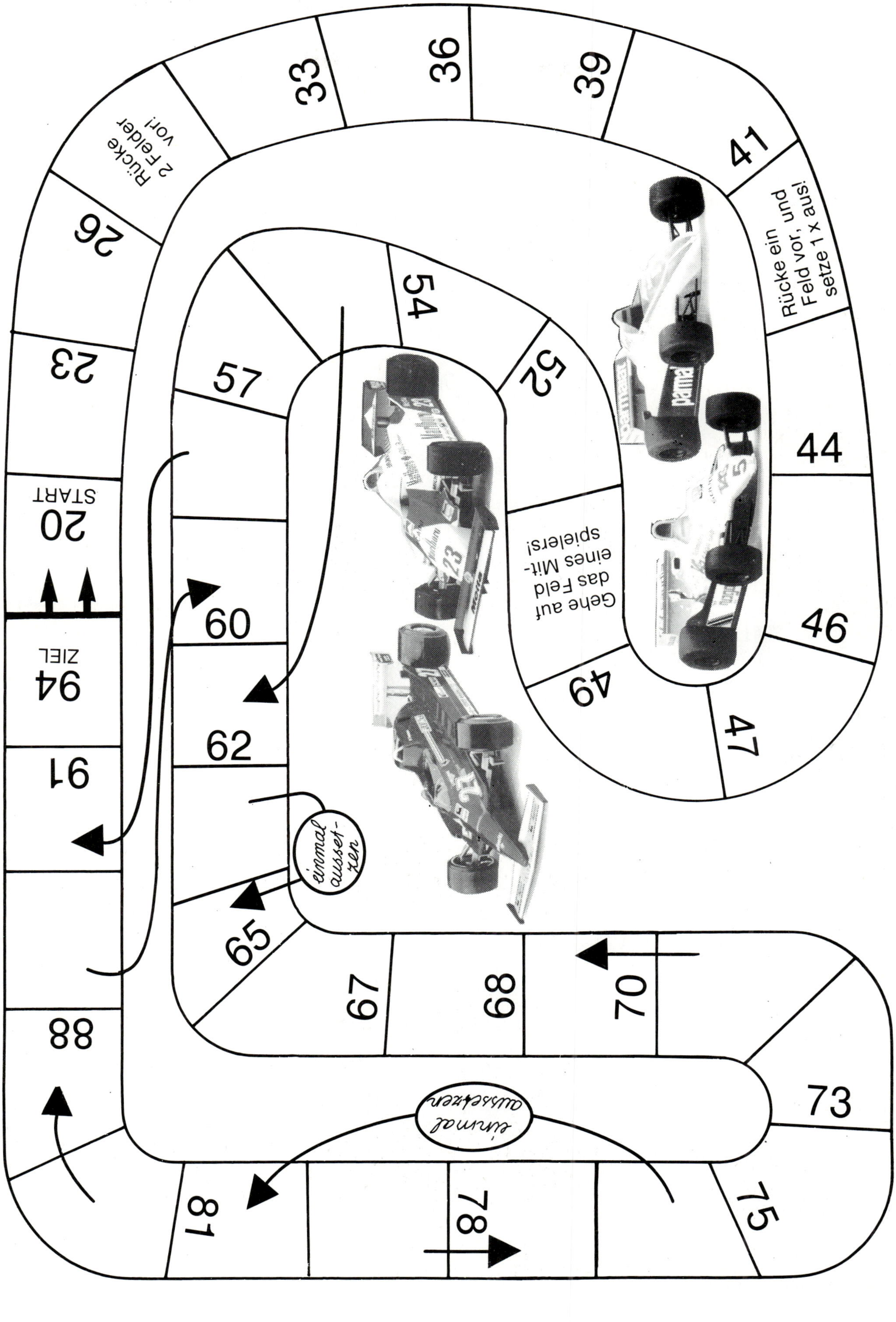

Vorlage 13 Pferderennen I

Vorlage 14 Rechenschlange I

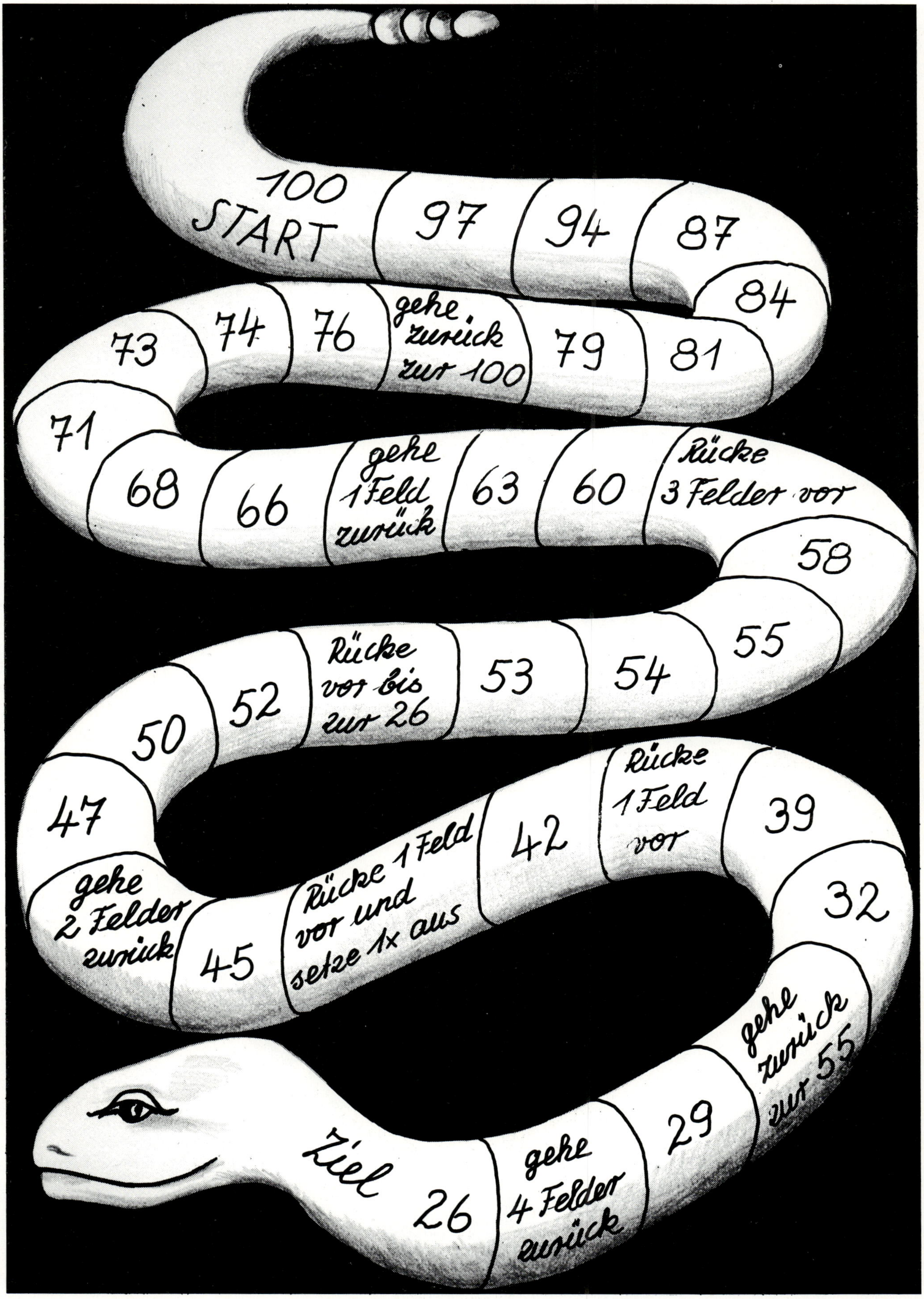

Vorlage 15 Das große Fragezeichen I

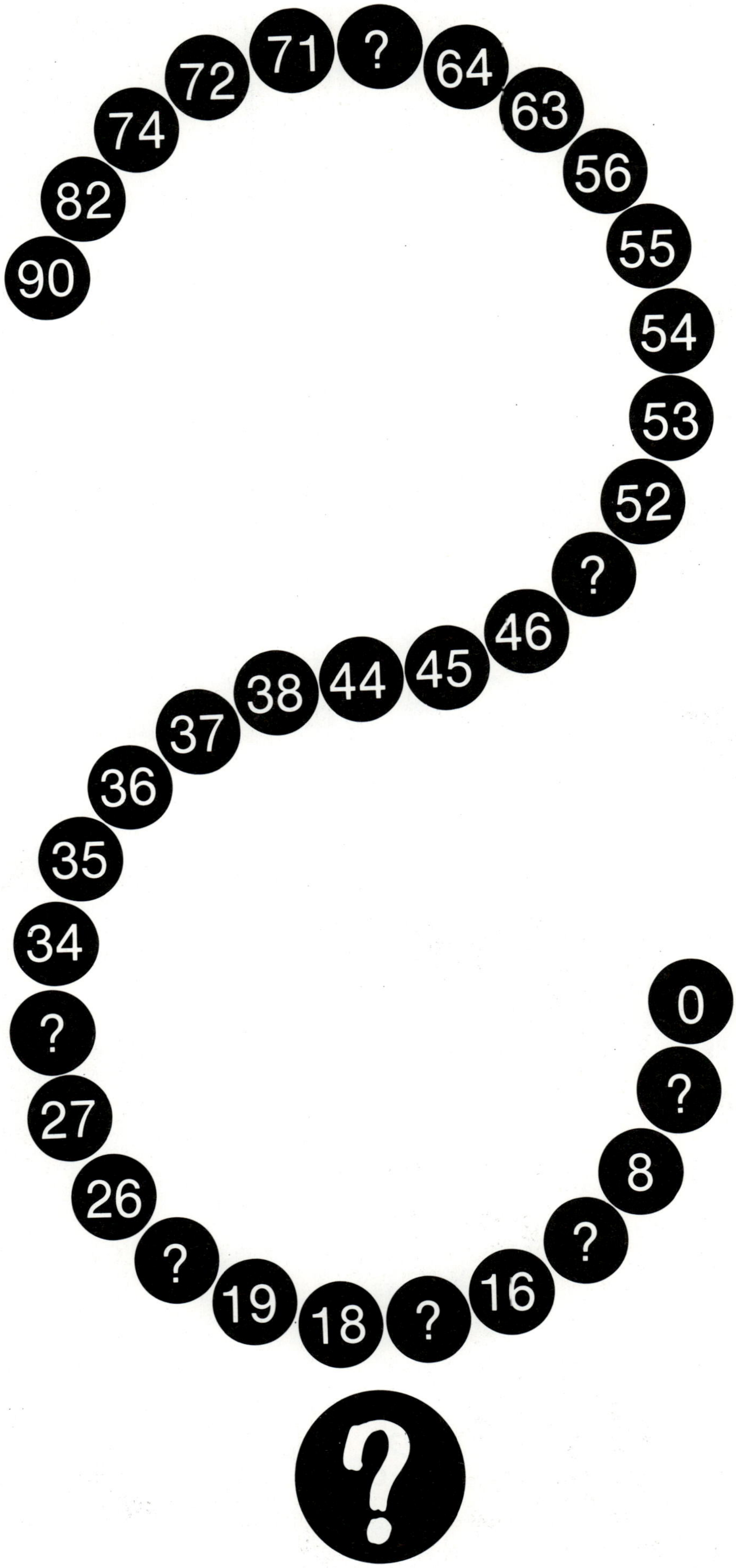

Vorlage 16 Ein Weg durch die Wabe

Plan I

47	3	60	31	45	20
72	11	35	73	9	71
6	26	39	78	57	23
50	13	62	28	17	98
36	52	65	34	46	43
55	67	89	69	83	81

Plan II

4	49	7	61	25	17
64	23	56	80	46	59
13	54	1	67	18	35
27	44	33	10	73	41
69	12	88	71	96	20
30	82	51	22	38	99

Vorlage 17 Schwarzer Peter I

3·4 $3 \cdot 4$	9·4 $9 \cdot 4$	5·5 $5 \cdot 5$	9·5 $9 \cdot 5$
2·6 $2 \cdot 6$	3·6 $3 \cdot 6$	4·6 $4 \cdot 6$	7·6 $7 \cdot 6$
8·6 $8 \cdot 6$	4·7 $4 \cdot 7$	4·8 $4 \cdot 8$	3·9 $3 \cdot 9$
4·12 $4 \cdot 12$	5·12 $5 \cdot 12$	3·15 $3 \cdot 15$	4·15 $4 \cdot 15$

✂ Nur gestrichelte Linien ausschneiden!

Vorlage 17 Schwarzer Peter I

72 : 2	84 : 2	84 : 3	81 : 3
96 : 3	72 : 4	96 : 4	100 : 4
45 : 5	66 : 6	49 : 7	77 : 7
56 : 8	64 : 8	72 : 9	81 : 9

✂ Nur gestrichelte Linien ausschneiden!

Vorlage 18 In drei Richtungen

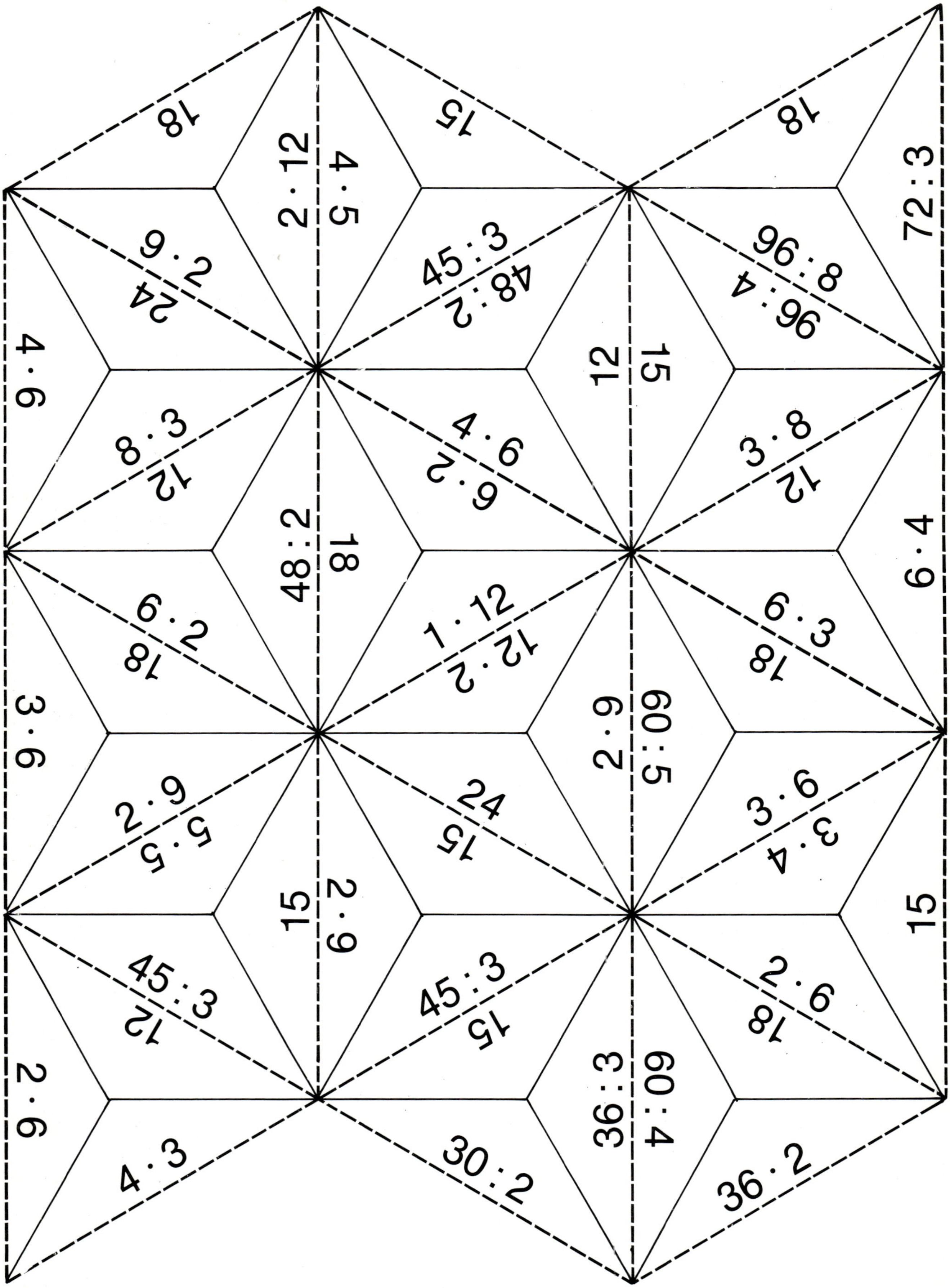

✂ Nur gestrichelte Linien ausschneiden!

Vorlage 19 Eule

Hinweis: Das Material ist für 2 Gruppen angelegt.

1	2	3	4	5	6	7	8	9
10	11	12	13	14	15	16	17	18
19	20	21	22	23	24	25	26	27
28	29	30	31	32	33	34	35	36
37	38	39	40	41	42	43	44	45
46	47	48	49	50				
1	2	3	4	5	6	7	8	9
10	11	12	13	14	15	16	17	18
19	20	21	22	23	24	25	26	27
28	29	30	31	32	33	34	35	36
37	38	39	40	41	42	43	44	45
46	47	48	49	50				

✂ **Nur gestrichelte Linien ausschneiden!**

Vorlage 20 Die verflixte Sieben

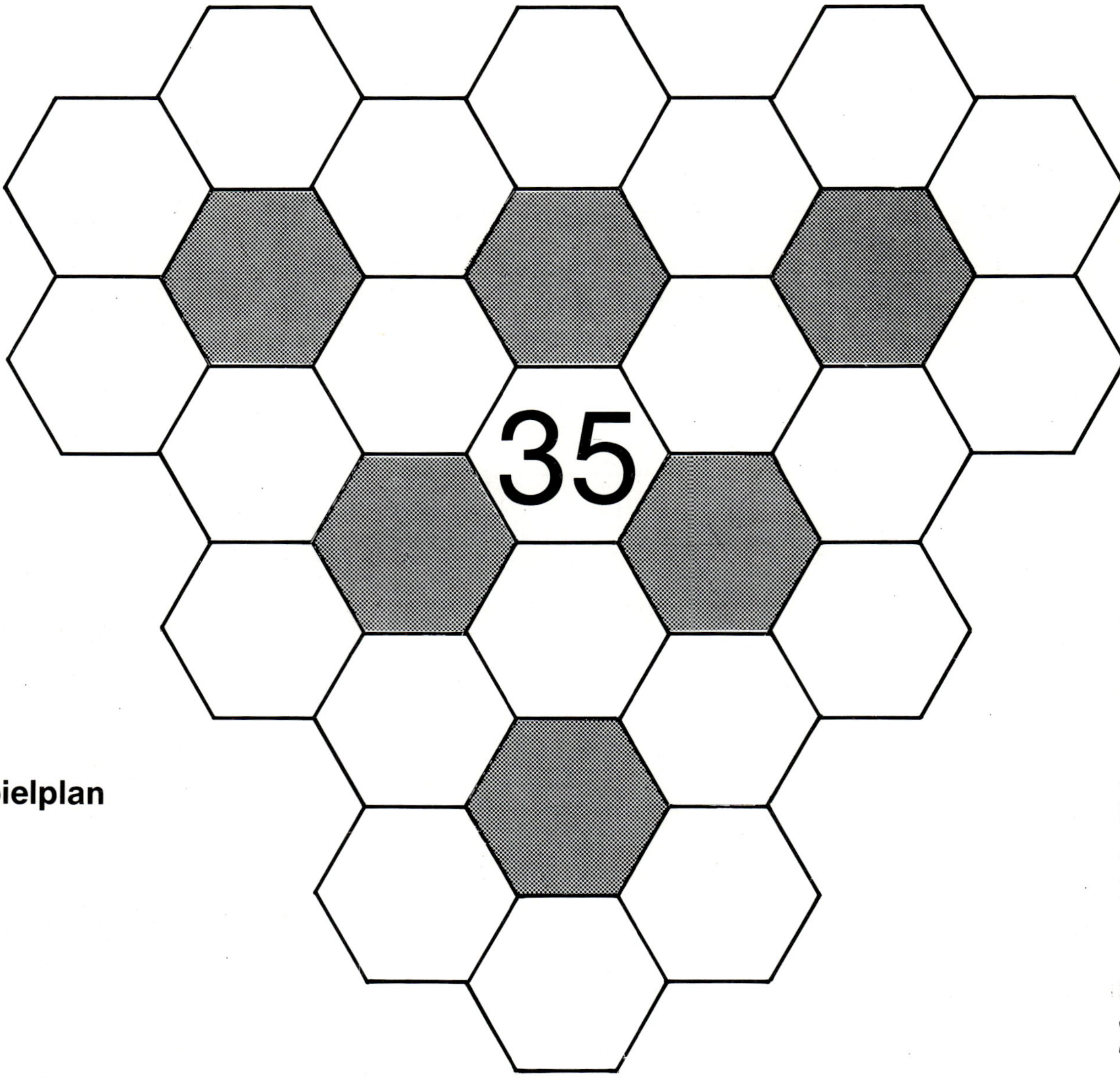

Spielplan

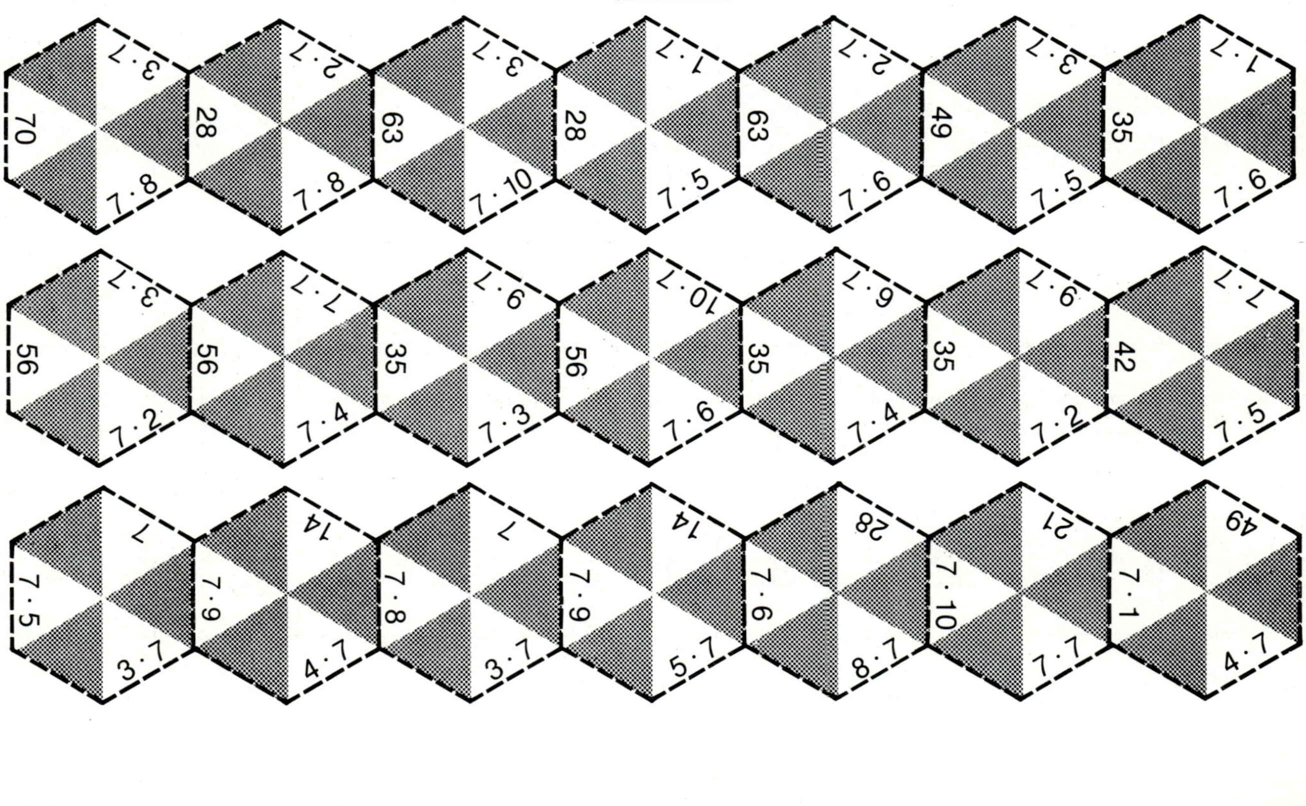

✂ Nur gestrichelte Linien ausschneiden!

Vorlage 21 Drillinge gesucht

B

16	30	45	12	60	20
35	8	28	42	14	54
9	40	7	24	50	21

16	36	18	35	40	27
24	7	28	9	10	50
6	45	20	60	48	12

10	30	20	42	14	21
28	7	8	48	50	12
6	27	36	18	40	54

9	16	45	30	14	21
27	24	60	6	48	42
8	18	10	36	54	35

A

5	15	9	4	25	24
1	8	18	10	30	2
6	16	12	3	36	20

18	5	16	8	36	6
2	25	4	15	9	20
10	1	30	3	24	12

9	15	3	25	20	8
16	2	30	4	24	18
1	36	10	12	5	6

8	16	9	4	15	36
18	3	20	1	5	30
2	12	24	25	10	6

✂ Nur gestrichelte Linien ausschneiden!

Vorlage 21 Drillinge gesucht

6	14	72	54	20	27
40	56	4	35	60	80
15	24	42	10	70	7

5	36	50	3	27	48
40	12	80	90	30	4
2	28	10	54	72	32

D

3	21	16	7	50	18
28	8	42	72	70	45
2	36	20	60	15	63

12	45	18	6	72	35
48	5	56	32	63	14
16	30	24	8	21	90

64	63	100	49	81	90
80	36	70	72	42	0
54	0	56	60	0	48

54	64	90	48	0	63
60	42	80	100	56	0
36	49	0	72	81	70

C

42	0	63	56	0	54
90	48	36	100	70	80
60	0	81	64	72	49

64	48	0	49	0	54
100	36	80	63	56	72
0	70	81	60	42	90

✂ Nur gestrichelte Linien ausschneiden!

Vorlage 22 Resteschlange I

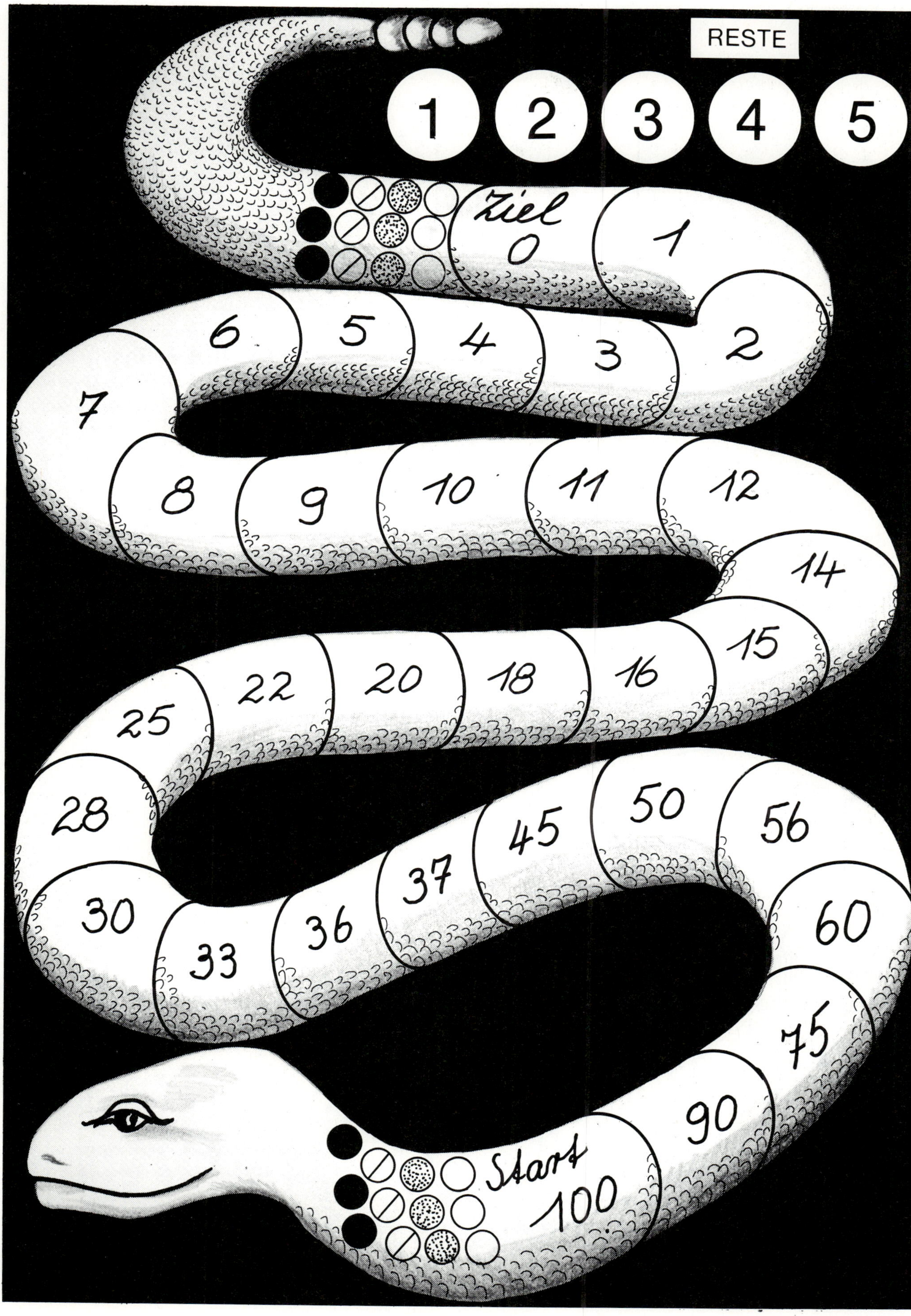

Vorlage 23 Riesenrad

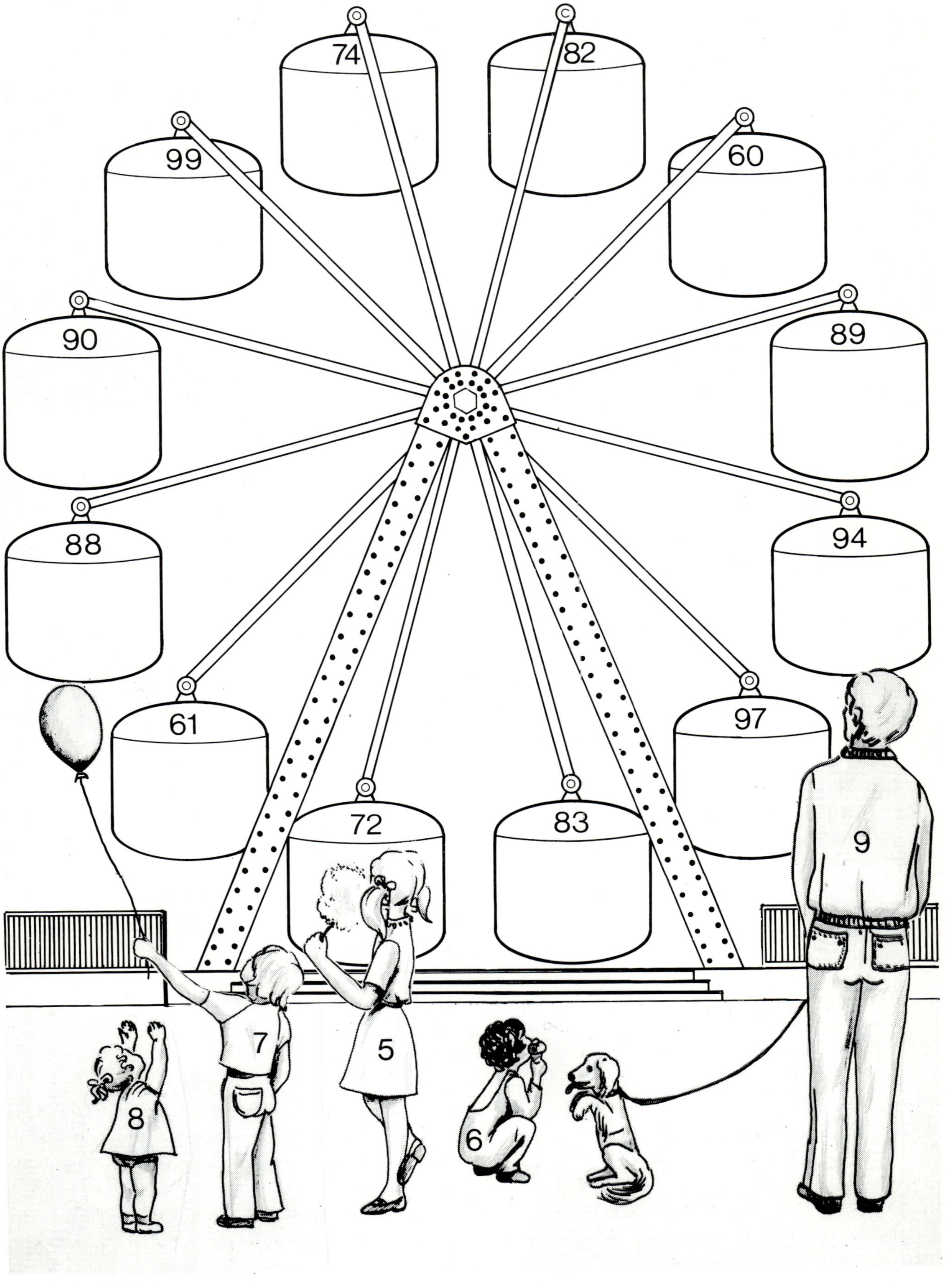

Vorlage 24 Zahlenbillard

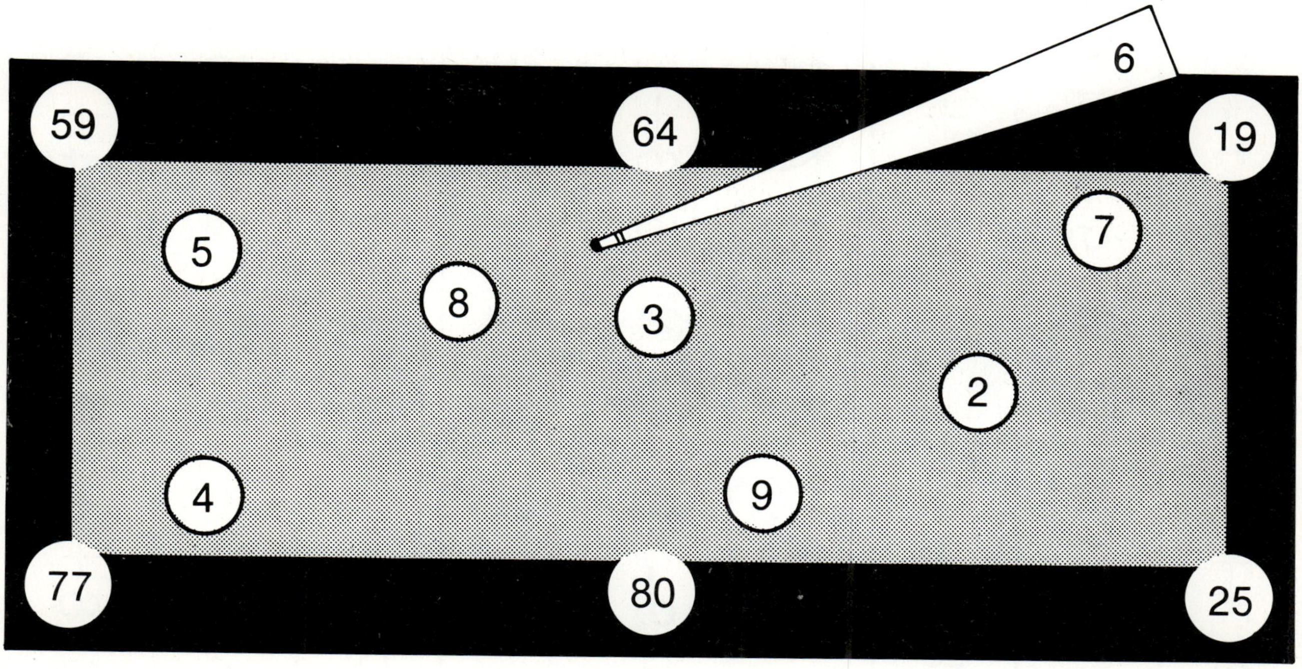

Spieler 1	Spieler 2
=	=
=	=
=	=
=	=
=	=
=	=
=	=
=	=
=	=
=	=

Spieler 1	Spieler 2
=	=
=	=
=	=
=	=
=	=
=	=
=	=
=	=
=	=
=	=

Vorlage 25 Rechendomino

$7 \cdot 11 - 22$ / 62	$9 \cdot 8 - 10$ / 62	$48 : 6 + 56$ / 62	$84 : 7 + 26$ / 64	$6 \cdot 6 + 5$ / 64	$5 \cdot 12 - 8$ / 64	$7 \cdot 9 - 8$ / 64	$72 : 6 + 50$ / 64	$44 : 4 + 53$ / 64
$49 : 7 + 31$ / 55	$84 : 12 + 34$ / 55	$64 : 8 + 44$ / 55	$7 \cdot 6 + 13$ / 55	$9 \cdot 9 - 19$ / 55	$6 \cdot 5 + 34$ / 55	$42 : 7 + 32$ / 62	$56 : 7 + 33$ / 62	$6 \cdot 8 + 4$ / 62
$63 : 9 + 48$ / 41	$88 : 11 + 54$ / 41	$8 \cdot 11 - 24$ / 41	$5 \cdot 9 - 7$ / 52	$63 : 7 + 32$ / 52	$81 : 9 + 43$ / 52	$48 : 8 + 49$ / 52	$9 \cdot 6 + 8$ / 52	$9 \cdot 4 + 28$ / 52
$3 \cdot 9 + 11$ / 38	$7 \cdot 8 - 15$ / 38	$6 \cdot 11 - 14$ / 38	$96 : 6 + 39$ / 38	$54 : 6 + 53$ / 38	$45 : 9 + 59$ / 38	$4 \cdot 11 - 6$ / 41	$7 \cdot 7 - 8$ / 41	$88 : 8 + 41$ / 41

✂ Nur gestrichelte Linien ausschneiden!

Vorlage 26 Würfelzahlenquadrate

Wert : =

Wert : =

Wert : =

Wert : =

Wert : =

Wert : =

Wert : =

Wert : =

Wert : =

Wert : =

Wert : =

Wert : =

Vorlage 27 Nachbarfelder I

33	34	35	12	13	14	15
32	100	36	11	45	48	16
31	96	37	10	44	50	17
30	90	38		42	54	18
29	80	39	40	41	55	19
28	75	72	66	64	60	20
27	26	25	24	23	22	21

Vorlage 28 Figurenrechnen I

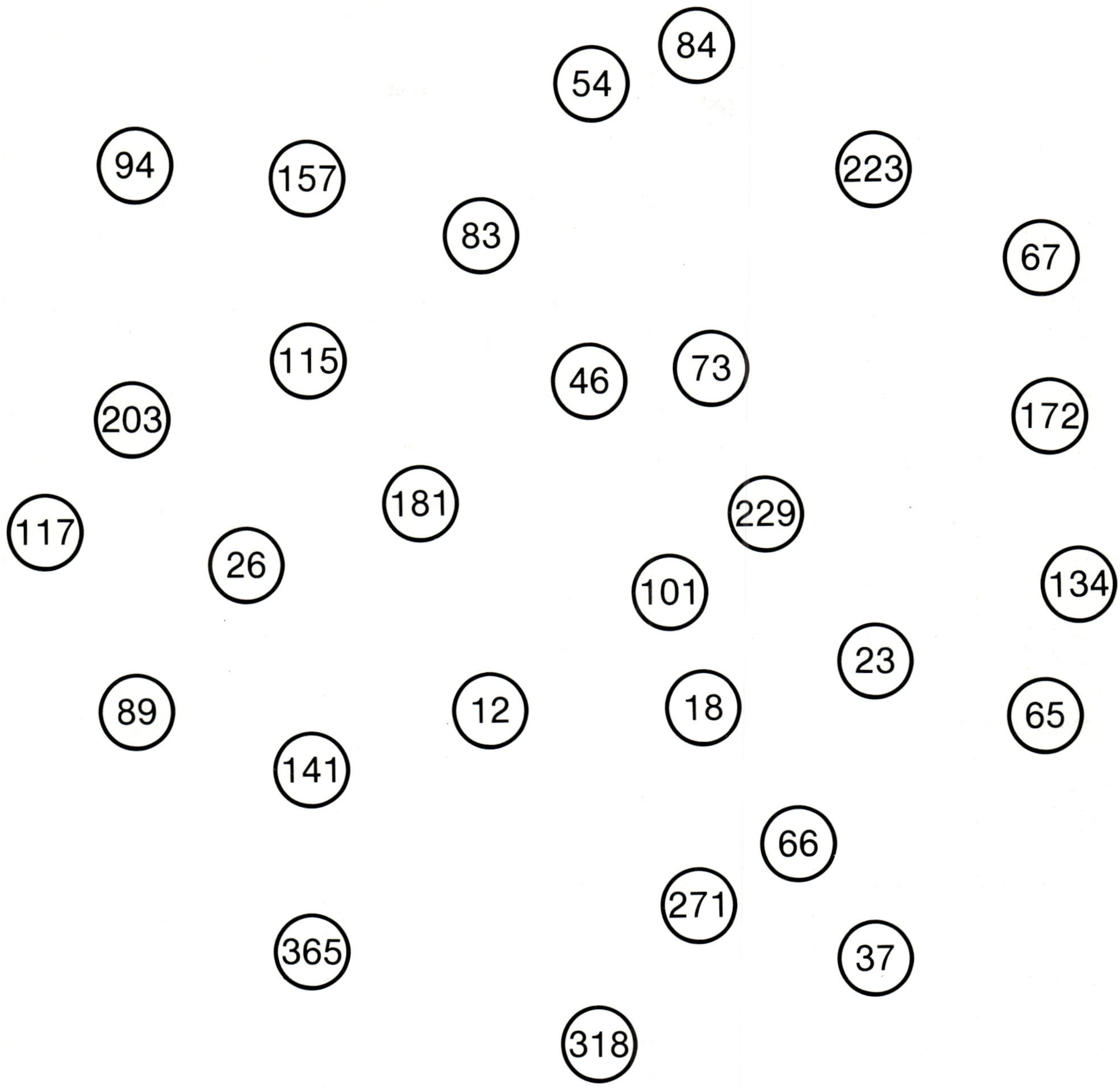

1. 112 − 23 = ______	8. 223 − 66 = ______	15. 117 − 28 = ______
2. 74 + 83 = ______	9. 94 + 87 = ______	16. 295 − 283 = ______
3. 126 + 97 = ______	10. 228 − 182 = ______	17. 159 + 159 = ______
4. 189 − 124 = ______	11. 115 + 114 = ______	18. 107 − 89 = ______
5. 137 + 92 = ______	12. 93 − 75 = ______	19. 131 − 66 = ______
6. 76 + 147 = ______	13. 156 − 144 = ______	20. 57 + 261 = ______
7. 97 − 51 = ______	14. 158 + 23 = ______	21. 177 − 88 = ______

1. Löse die Aufgabe
2. Suche oben das Ergebnis und kennzeichne es!
3. Verbinde der Reihe nach mit einem Lineal!

Vorlage 29 Nautilus III

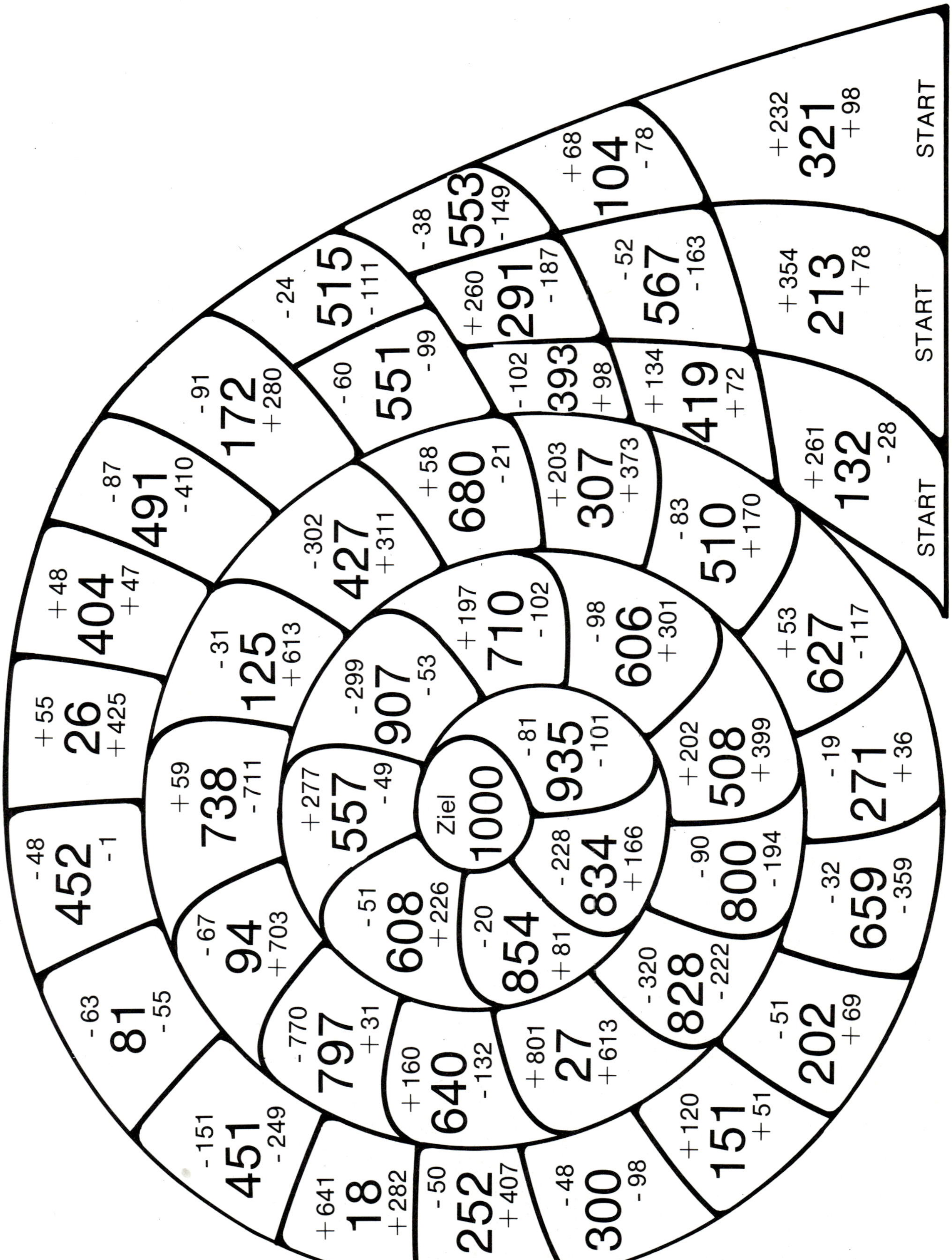

Vorlage 30 Zauberquadrate II

Neunerfeld

Satz I

2	24	30	46	52
58	74	80	102	Zauber-zahl **156**

Satz II

3	24	45	66	87
108	129	150	171	Zauber-zahl **261**

Satz III

20	37	54	71	88
1	122	139	156	Zauber-zahl **264**

✂ **Nur gestrichelte Linien ausschneiden!**

Vorlage 31 Plus-Minus-Domino

480	290 + 190	510	420 + 260	680	620 - 140	340	920 - 240
480	270 + 240	510	190 + 150	680	700 - 190	340	610 - 270
480	360 + 360	510	170 + 190	680	870 - 150	340	730 - 370
480	290 + 390	720	240 + 240	680	840 - 160	360	810 - 330
480	170 + 170	720	360 + 150	680	520 - 180	360	1000 - 490
480	180 + 180	720	190 + 530	680	640 - 280	360	970 - 250
510	320 + 160	720	340 + 340	340	750 - 270	360	970 - 290
510	180 + 330	720	250 + 90	340	820 - 310	360	720 - 380
510	240 + 480	720	290 + 70	340	910 - 190	360	920 - 560

✂ Nur gestrichelte Linien ausschneiden!

Vorlage 32 Hausnummer 555

+			

+			

+			

+			

+			

+			

+			

+			

+			

+			

+			

+			

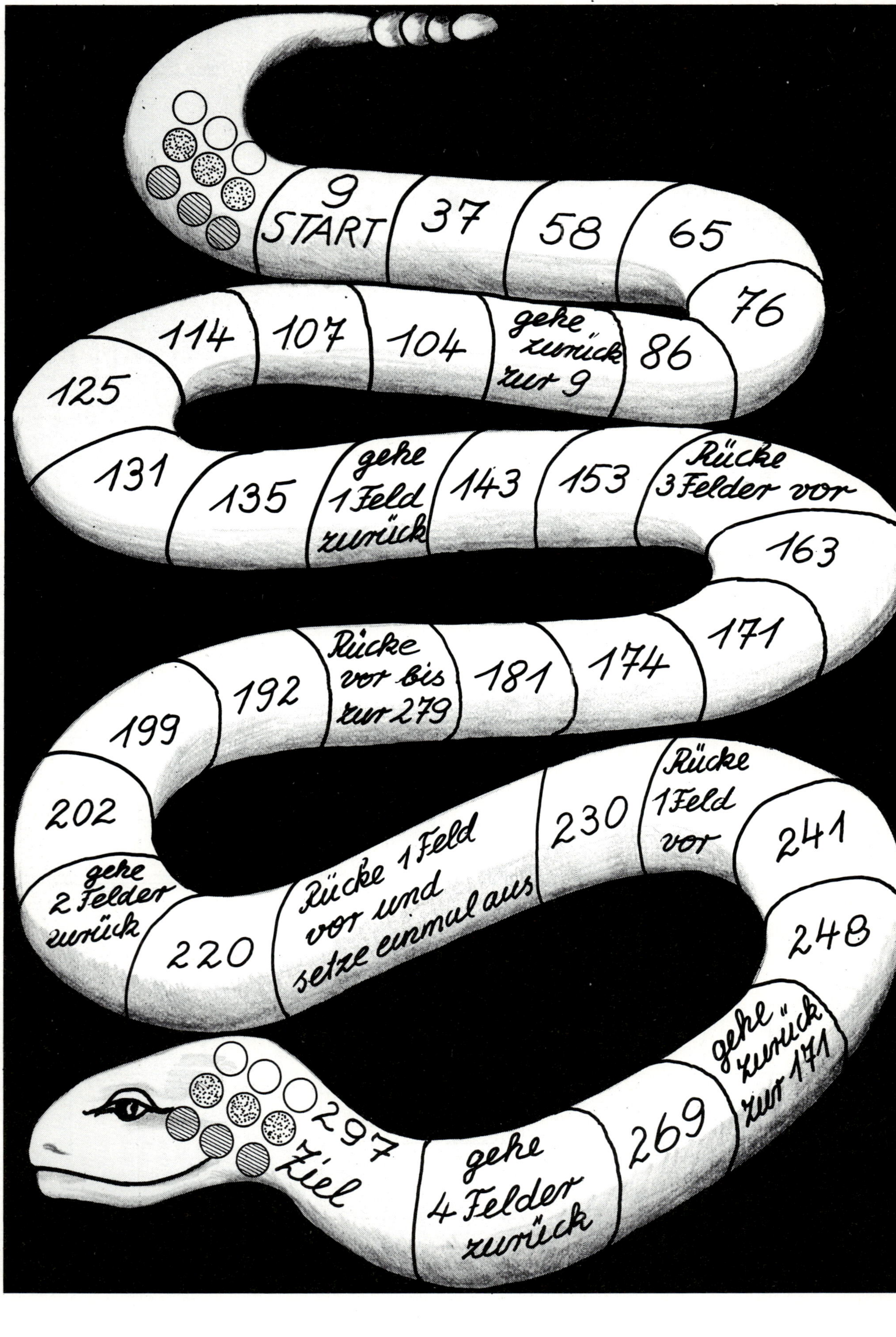
9
START
37
58
65
76
86
gehe zurück zur 9
104
107
114
125
131
135
gehe 1 Feld zurück
143
153
Rücke 3 Felder vor
163
171
174
181
Rücke vor bis zur 279
192
199
202
gehe 2 Felder zurück
220
Rücke 1 Feld vor und setze einmal aus
230
Rücke 1 Feld vor
241
248
gehe zurück zur 171
269
gehe 4 Felder zurück
297
Ziel

Vorlage 34 Pferderennen II

Vorlage 35 Das große Fragezeichen II

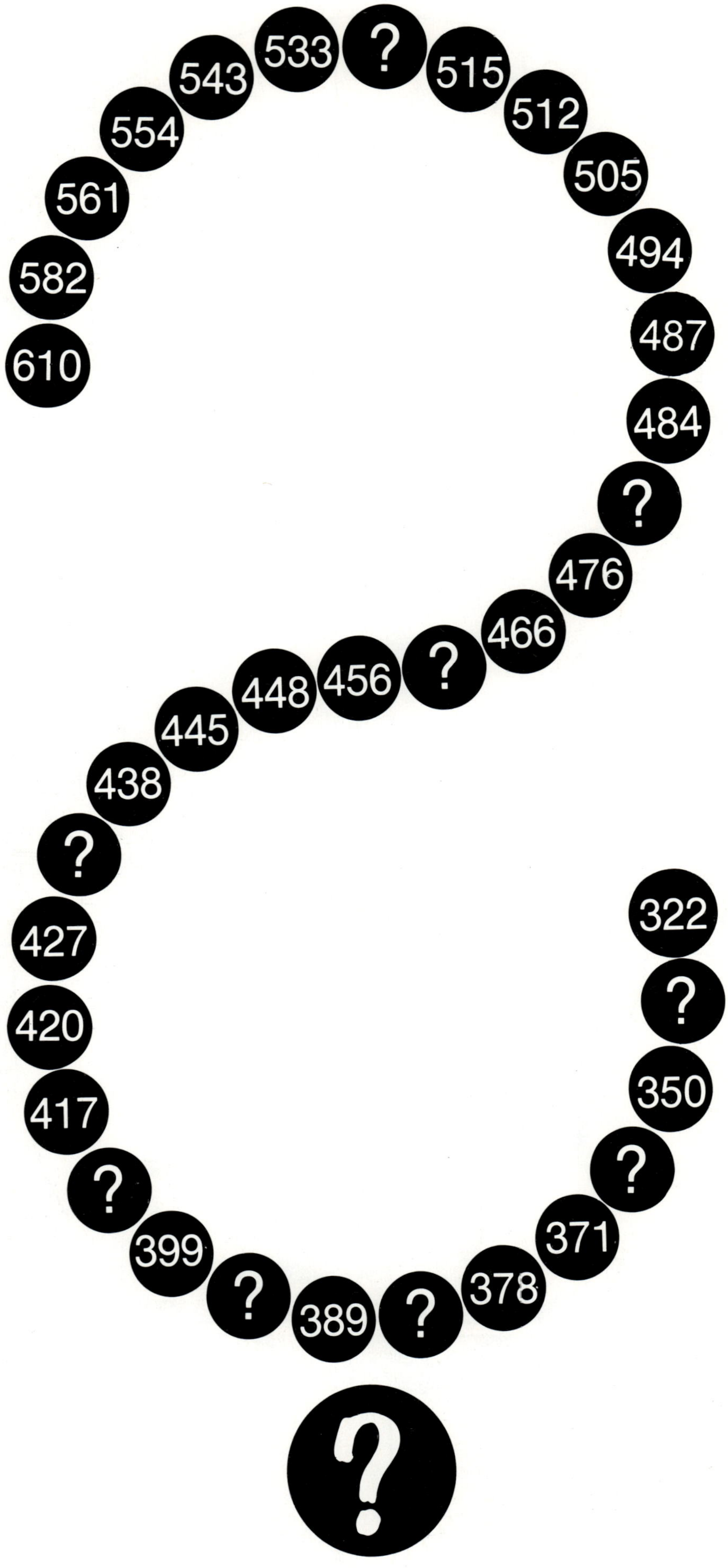

Vorlage 36 Der fragwürdige Lindwurm II

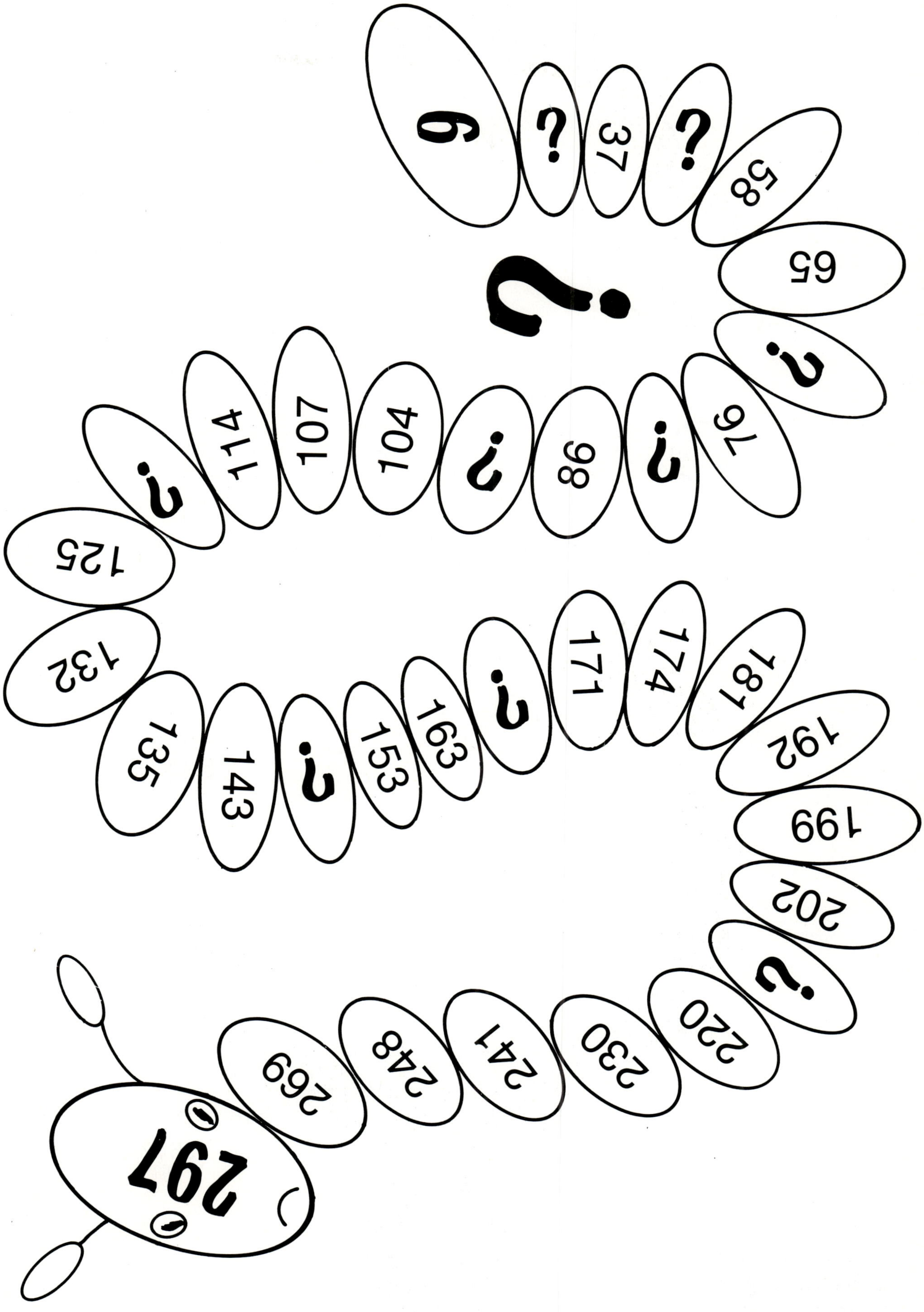

Vorlage 37 Figurenrechnen II

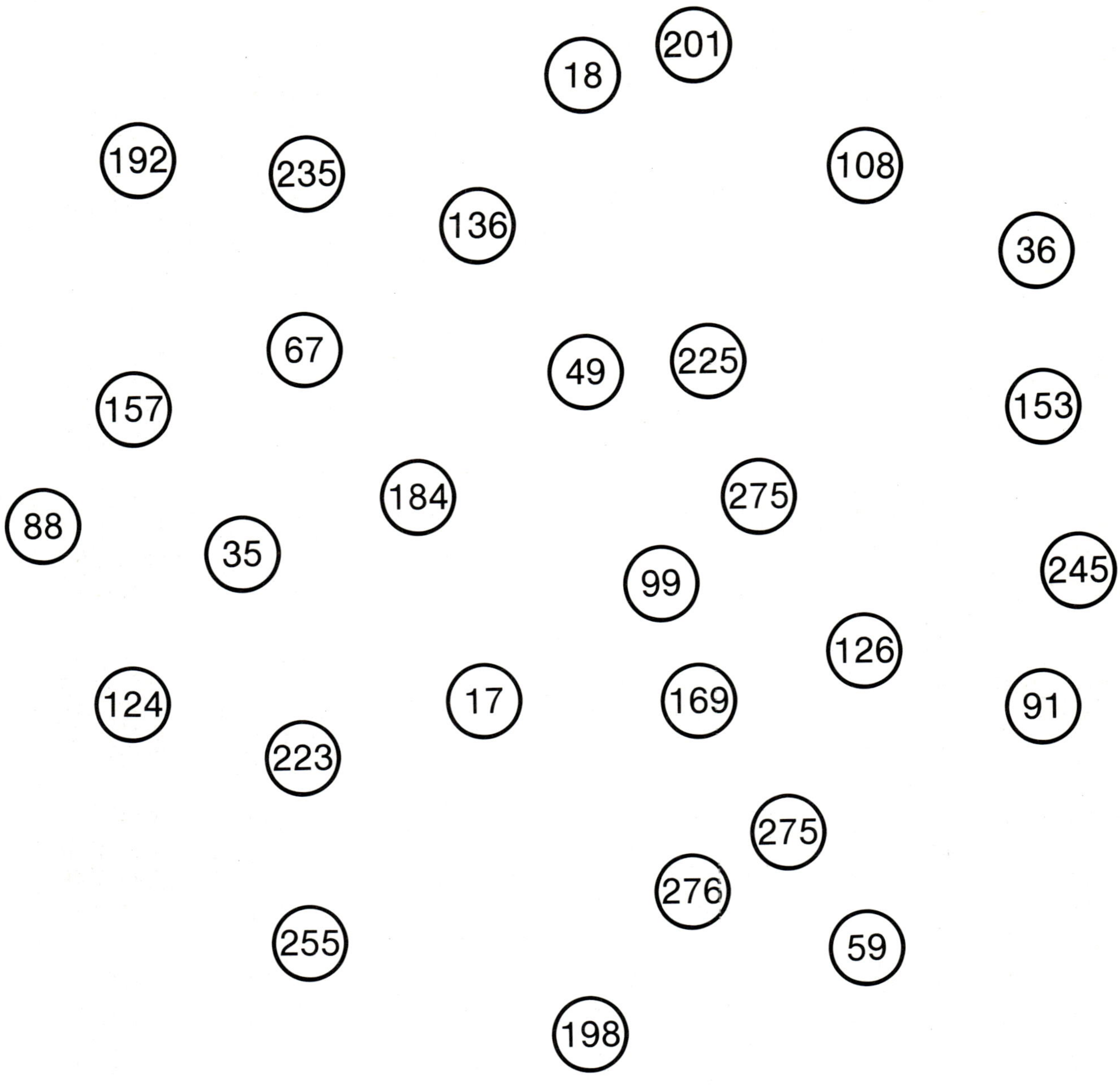

1. 12 · 9 = ____________
2. 21 · 6 = ____________
3. 472 : 8 = ____________
4. 828 : 3 = ____________
5. 446 : 2 = ____________
6. 31 · 4 = ____________
7. 245 : 7 = ____________
8. 34 · 4 = ____________
9. 162 : 9 = ____________
10. 13 · 7 = ____________
11. 5 · 51 = ____________
12. 536 : 8 = ____________
13. 5 · 47 = ____________
14. 3 · 51 = ____________
15. 22 · 9 = ____________
16. 628 : 4 = ____________
17. 756 : 7 = ____________

1. Löse die Aufgabe!
2. Suche oben das Ergebnis und markiere es!
3. Verbinde der Reihe nach mit einem Lineal!

Vorlage 38 Faktorenkarten

2	2	2	2	2	2	2
2	2	2	2	2	2	2
2	2	2	2	2	2	2
3	3	3	3	3	3	3
3	3	3	3	3	3	3
3	3	3	3	3	3	3
5	5	5	5	5	5	5
5	5	5	5	5	5	5
7	7	7	7	7	7	7
7	7	7	7	7	7	7

✂ Nur gestrichelte Linien ausschneiden!

Vorlage 39 Ergebniskarten

4	6	8	9	10	12	14
15	16	18	20	21	24	25
27	28	30	32	35	36	40
42	45	48	49	50	54	56
60	63	70	72	75	80	81
84	90	98	100	105	108	112
120	125	126	128	135	140	147
150	162	168	175	180	189	196
200	210	216	225	243	245	250
252	279	280	294	300	315	343

✂ Nur gestrichelte Linien ausschneiden!

Vorlage 40 T oder Z - Spielpläne

21	17	900
540	660	15
840	18	720
13	750	22

640	16	14
17	25	880
660	600	960
22	750	24

720	13	25
19	540	640
360	14	18
12	480	960

21	900	360
480	24	16
12	19	880
600	840	15

✂ Nur gestrichelte Linien ausschneiden!

Vorlage 41 T oder Z - Aufgabenkarten

360 : 30 = 12	480 : 40 = 12	720 : 30 = 24	960 : 40 = 24
540 : 30 = 18	720 : 40 = 18	950 : 50 = 19	760 : 40 = 19
850 : 50 = 17	510 : 30 = 17	960 : 60 = 16	640 : 40 = 16
750 : 50 = 15	600 : 40 = 15	980 : 70 = 14	840 : 60 = 14
840 : 40 = 21	630 : 30 = 21	910 : 70 = 13	650 : 50 = 13
880 : 40 = 22	660 : 30 = 22	750 : 30 = 25	500 : 20 = 25

$12 \cdot 30$ = 360	$12 \cdot 40$ = 480	$24 \cdot 30$ = 720	$24 \cdot 40$ = 960
$18 \cdot 20$ = 360	$8 \cdot 60$ = 480	$12 \cdot 60$ = 720	$16 \cdot 60$ = 960
$18 \cdot 30$ = 540	$16 \cdot 40$ = 640	$18 \cdot 50$ = 900	$15 \cdot 40$ = 600
$27 \cdot 20$ = 540	$8 \cdot 80$ = 640	$15 \cdot 60$ = 900	$20 \cdot 30$ = 600
$28 \cdot 30$ = 840	$21 \cdot 40$ = 840	$22 \cdot 40$ = 880	$44 \cdot 20$ = 880
$33 \cdot 20$ = 660	$22 \cdot 30$ = 660	$25 \cdot 30$ = 750	$15 \cdot 50$ = 750

✂ Nur gestrichelte Linien ausschneiden!

Vorlage 42 Multiplikations-Domino

$60 \cdot 15$	$60 \cdot 16$	$10 \cdot 70$	$6 \cdot 140$	$20 \cdot 36$	$60 \cdot 13$	$6 \cdot 150$	$6 \cdot 160$	$7 \cdot 100$
900	900	900	960	960	960	960	960	960
$3 \cdot 280$	$90 \cdot 8$	$3 \cdot 260$	$5 \cdot 180$	$40 \cdot 24$	$5 \cdot 140$	$7 \cdot 120$	$2 \cdot 360$	$6 \cdot 130$
780	780	780	780	780	780	900	900	900
$20 \cdot 45$	$14 \cdot 50$	$80 \cdot 12$	$70 \cdot 12$	$8 \cdot 90$	$30 \cdot 26$	$50 \cdot 18$	$4 \cdot 240$	$20 \cdot 35$
700	700	700	720	720	720	720	720	720
$60 \cdot 14$	$60 \cdot 12$	$20 \cdot 39$	$2 \cdot 450$	$8 \cdot 120$	$2 \cdot 350$	$30 \cdot 28$	$6 \cdot 120$	$2 \cdot 390$
840	840	840	840	840	840	700	700	700

✂ **Nur gestrichelte Linien ausschneiden!**

Vorlage 43 Nürburgring II

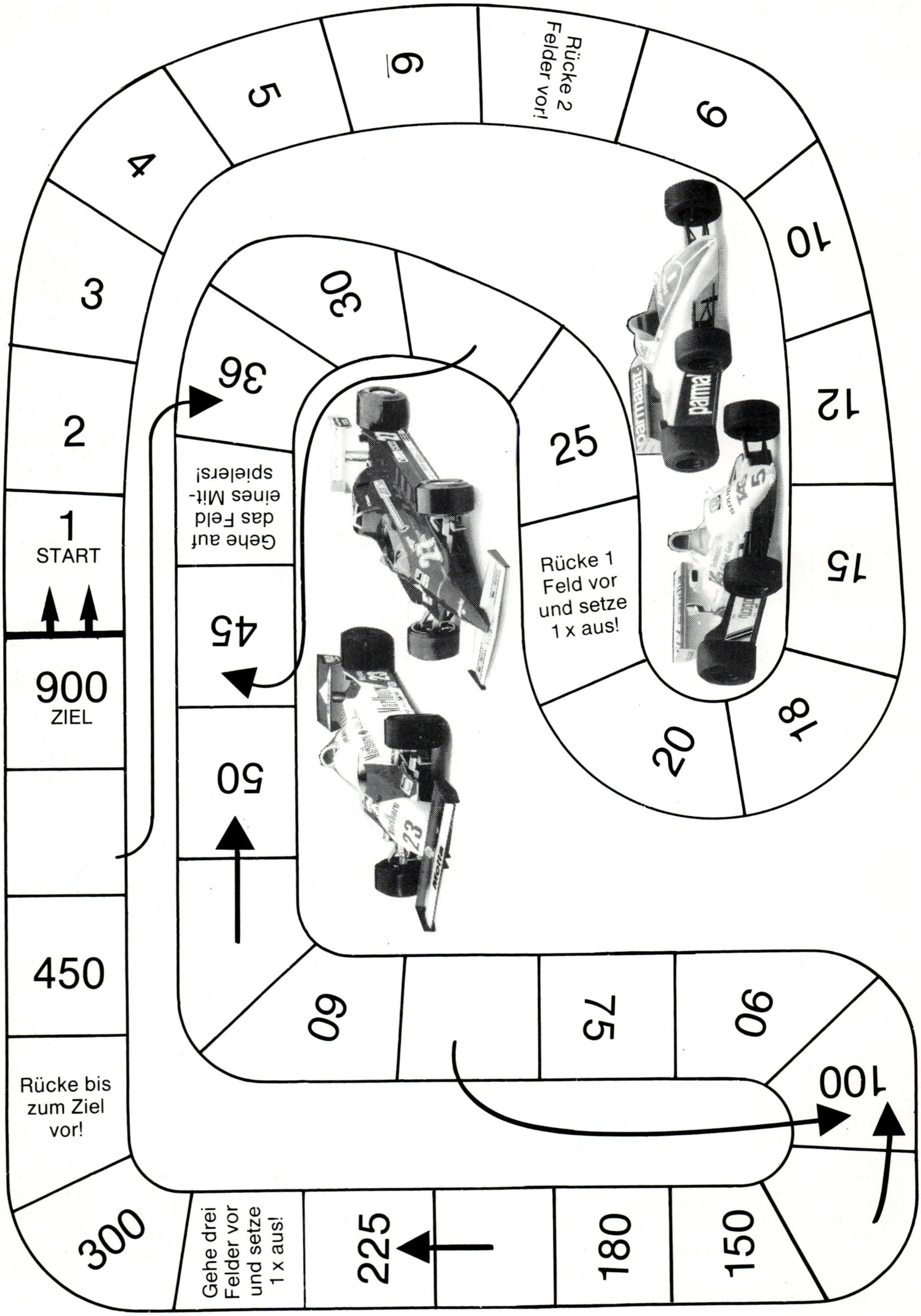

Vorlage 44 Resteschlange II

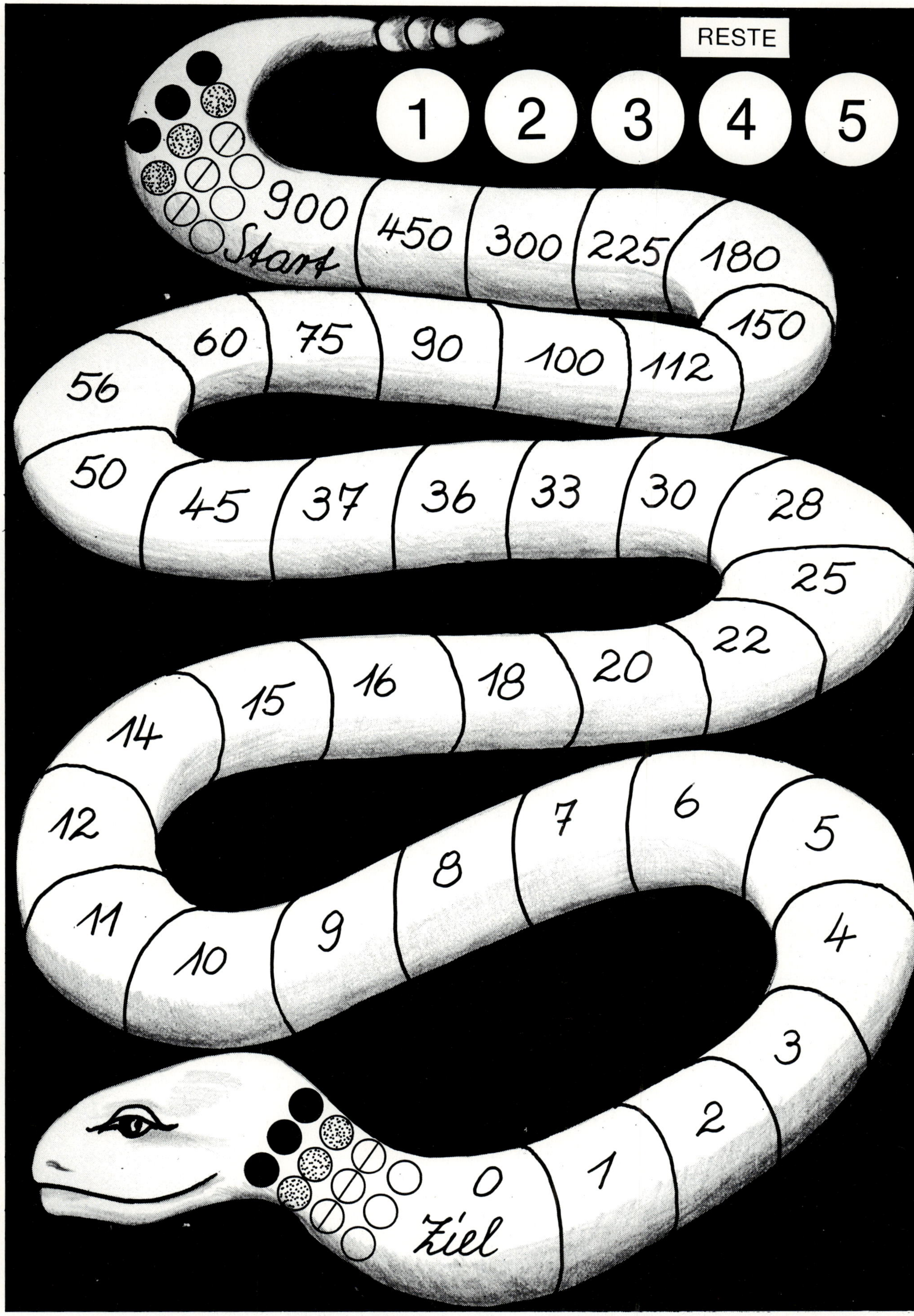

Vorlage 45 Figurenzeichnen III

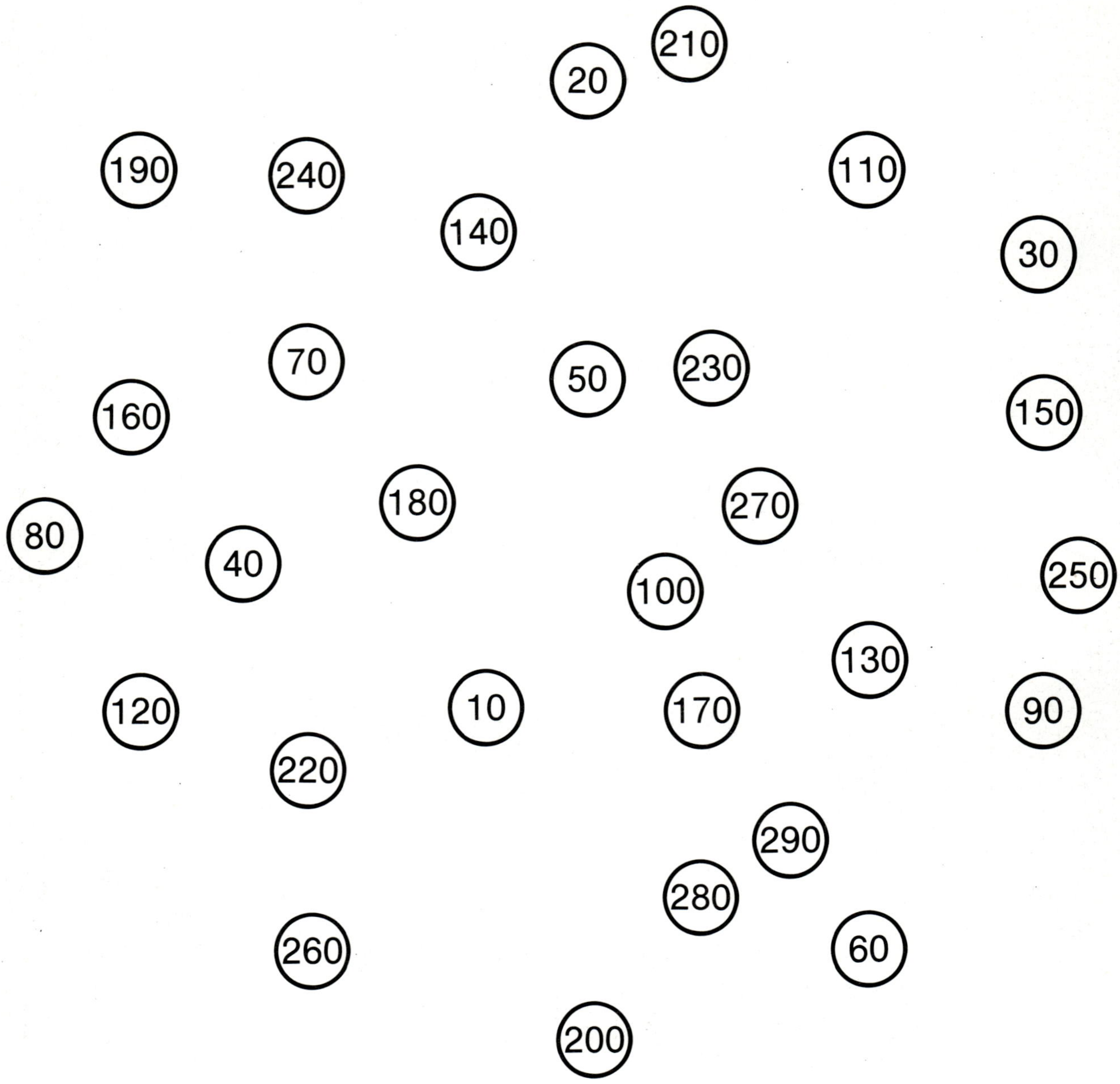

1. 34 · 6 = ______
2. 736 : 8 = ______
3. 636 : 6 = ______
4. 22 · 11 = ______
5. 861 : 7 = ______
6. 33 · 6 = ______
7. 791 : 7 = ______
8. 714 : 6 = ______
9. 957 : 11 = ______
10. 59 · 4 = ______
11. 14 · 14 = ______
12. 408 : 17 = ______
13. 477 : 3 = ______
14. 44 · 6 = ______
15. 672 : 12 = ______
16. 592 : 4 = ______
17. 696 : 29 = ______

1. Löse die Aufgabe!
2. Runde auf volle Zehner!
3. Suche oben den Wert und markiere ihn!
4. Verbinde der Reihe nach mit dem Lineal!

Vorlage 46 Nautilus IV

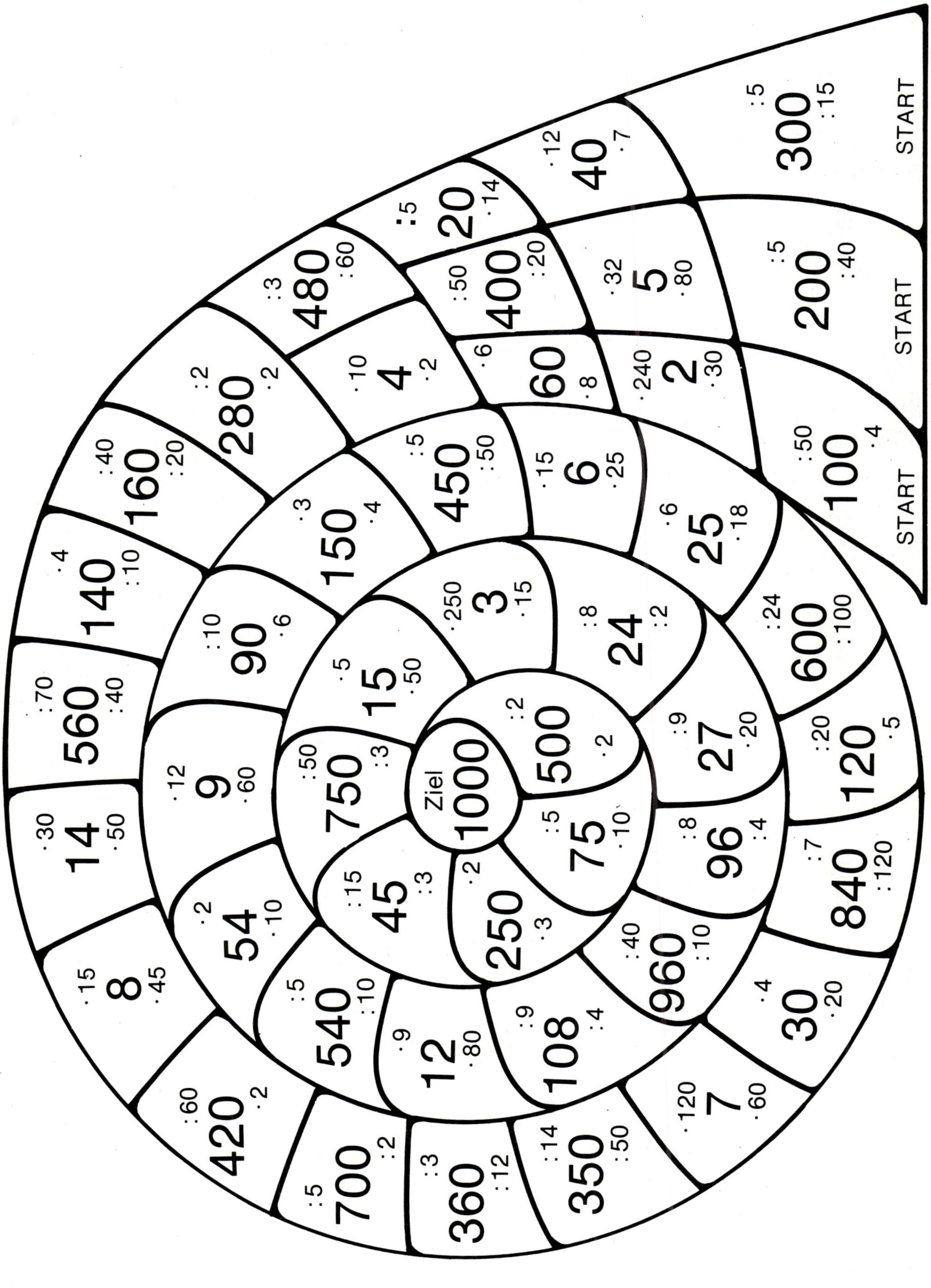

Vorlage 47 Überschlag-Slalom

Name: Anzahl der richtigen Aufgaben:

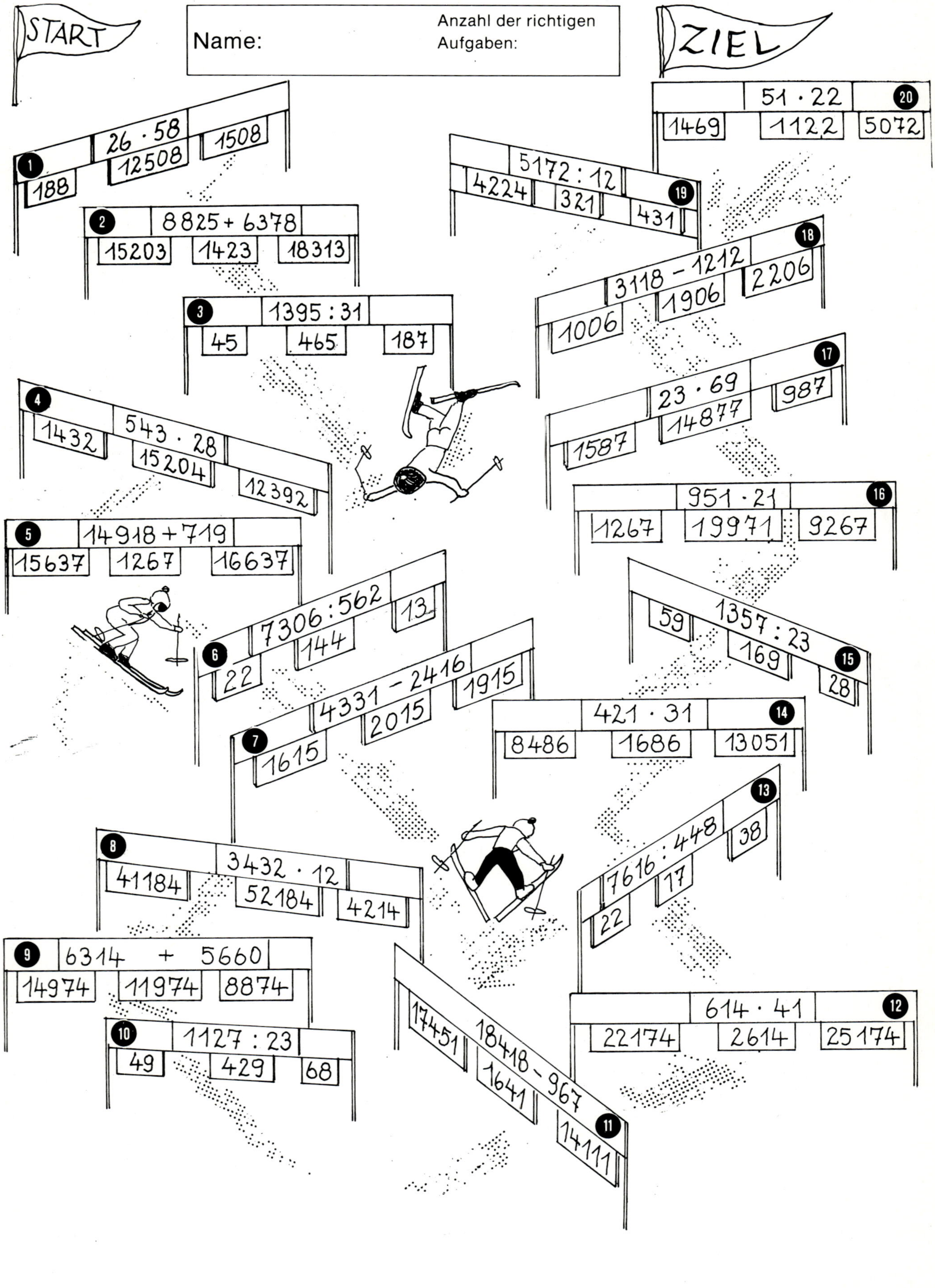

Vorlage 48 Schwarzer Peter II

$620-230$ $620 - 230$	$9 \cdot 50$ $9 \cdot 50$	$7 \cdot 70$ $7 \cdot 70$	$1000:2+10$ $1000:2+10$
$540-150$ $540 - 150$	$3 \cdot 150$ $3 \cdot 150$	$9 \cdot 50+40$ $9 \cdot 50+40$	$4 \cdot 120+30$ $4 \cdot 120+30$
$520-160$ $520 - 160$	$840:2$ $840:2$	$640-160$ $640 - 160$	$720-220$ $720 - 220$
$2 \cdot 150+60$ $2 \cdot 150+60$	$6 \cdot 70$ $6 \cdot 70$	$6 \cdot 80$ $6 \cdot 80$	$310+190$ $310+190$

✂ **Nur gestrichelte Linien ausschneiden!**

Vorlage 48 Schwarzer Peter II

960 : 4 960 : 4	600 : 2 - 40 600 : 2 - 40	180 + 120 180 + 120	800 : 2 - 50 800 : 2 - 50
530 - 290 530 - 290	180 + 80 180 + 80	160 + 140 160 + 140	4 · 80 + 30 4 · 80 + 30
720 : 4 720 : 4	600 : 3 + 50 600 : 3 + 50	840 : 3 840 : 3	180 + 140 180 + 140
540 : 3 540 : 3	4 · 60 + 10 4 · 60 + 10	190 + 90 190 + 90	8 · 40 8 · 40

✂ **Nur gestrichelte Linien ausschneiden!**

Vorlage 49 12 Zahlen - 4 Gleichungen

I

2	3	4	6	7	8
9	10	12	13	24	42

II

2	10	50	90	110	140
230	240	250	360	480	500

III

8	12	42	52	64	96
314	366	418	504	512	514

Plan A

□ + □ = □

□ − □ = □

□ · □ = □

□ : □ = □

✂ Nur gestrichelte Linien ausschneiden!

Vorlage 50 Nachbarfelder II

41	40	39	150	144	125	120
42	17	38	180	30	29	108
44	18	37	216	31	28	100
45	19	36		32	27	96
48	20	35	34	33	26	90
50	21	22	23	24	25	80
54	55	60	64	66	72	75

Vorlage 51 Additionspuzzles

1

+			

2

+			

3

+			

4

+			
1			

5

+		9		9
			9	

6

		1		
+			1	
				1

1	2	3	4	5	<u>6</u>	7	8	<u>9</u>

✂ **Nur gestrichelte Linien ausschneiden!**

Vorlage 52 Subtraktionspuzzles

1

−			
=			

2

	1			
−				
=				

3

			1	
−		1		
=	1			

4

				1
−			1	
=		1		

5

				1
−	1			
=		1		

6

	9			
−		9		
=				9

1	2	3	4	5	6	7	8	9

✂ Nur gestrichelte Linien ausschneiden!

Vorlage 53

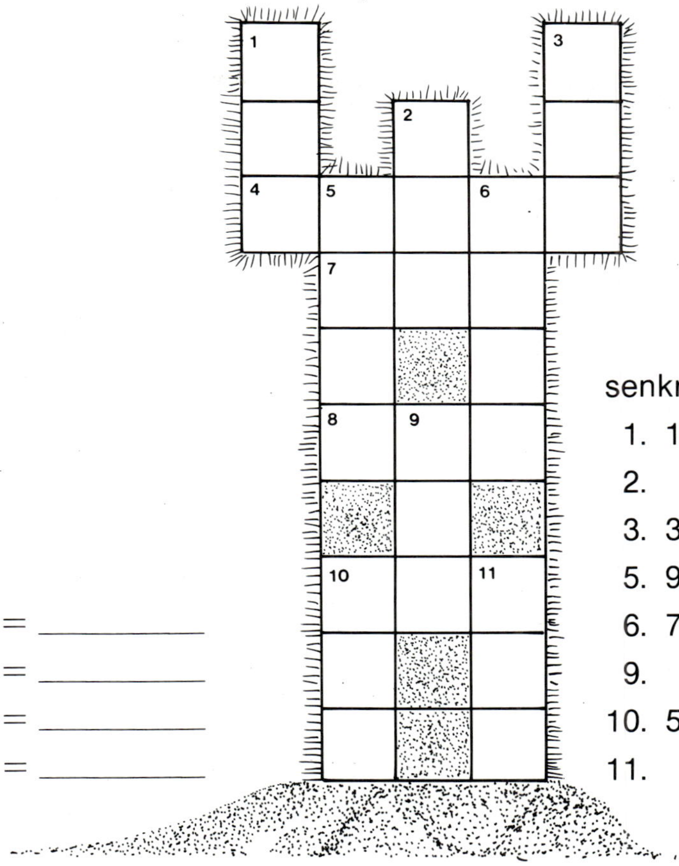

waagerecht:

4. 5302 + 8211 = ____________
7. 482 + 59 = ____________
8. 158 + 171 = ____________
10. 283 + 389 = ____________

senkrecht:

1. 179 + 102 = ____________
2. 75 + 179 = ____________
3. 314 + 289 = ____________
5. 992 + 2591 = ____________
6. 756 + 443 = ____________
9. 88 + 119 = ____________
10. 547 + 84 = ____________
11. 79 + 179 = ____________

waagerecht:

4. 4012 + 3221 + 5112 = ____________
7. 243 + 79 + 203 = ____________
8. 348 + 256 + 325 = ____________
10. 86 + 479 + 77 = ____________

senkrecht:

1. 83 + 41 + 27 = ____________
2. 137 + 289 + 6 = ____________
3. 356 + 73 + 86 = ____________
5. 1347 + 879 + 353 = ____________
6. 3684 + 83 + 812 = ____________
9. 19 + 118 + 97 = ____________
10. 253 + 217 + 172 = ____________
11. 131 + 59 + 56 = ____________

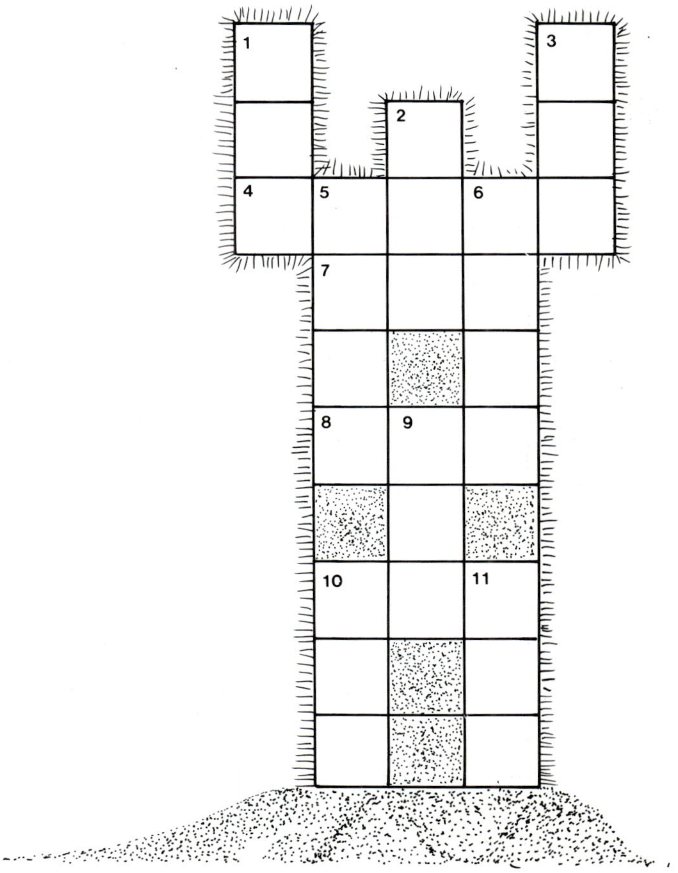

waagerecht

1. 297 − 214 = ______
3. 286 − 141 = ______
4. 98 − 64 = ______
6. 789 − 226 = ______
8. 987 − 416 = ______
9. 599 − 577 = ______

senkrecht

1. 9356 − 1224 = ______
2. 319 − 285 = ______
4. 428 − 393 = ______
5. 707 − 234 = ______
7. 917 − 293 = ______

waagerecht

1. 317 − 238 = ______
3. 976 − 589 = ______
4. 853 − 685 = ______
6. 413 − 374 = ______
8. 727 − 669 = ______
9. 573 − 85 = ______

senkrecht

1. 543 − 465 = ______
2. 12336 − 2621 = ______
5. 1378 − 691 = ______
6. 919 − 532 = ______
7. 371 − 273 = ______

Vorlage 55

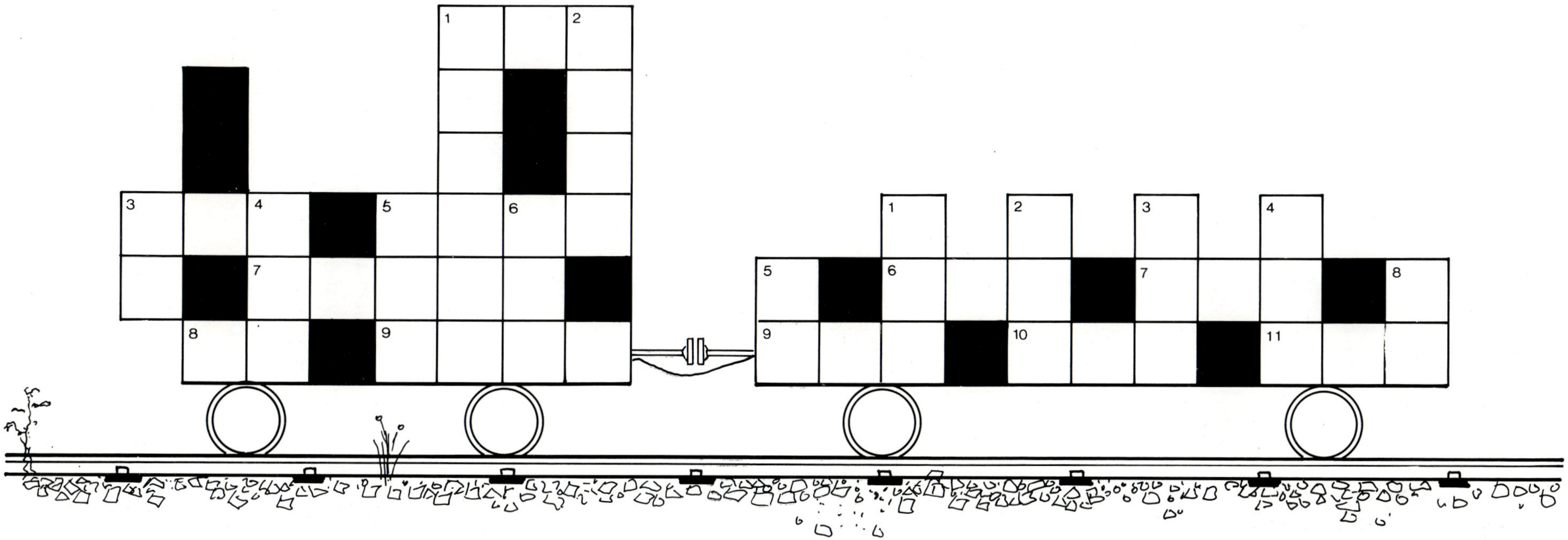

waagerecht

1. 63 · 13 = ________
3. 47 · 19 = ________
5. 18 · 547 = ________
7. 437 · 86 = ________
8. 17 · 4 = ________
9. 29 · 72 = ________

senkrecht

1. 1129 · 720 = ________
2. 99 · 94 = ________
3. 27 · 3 = ________
4. 13 · 26 = ________
5. 68 · 14 = ________
6. 4 · 107 = ________

waagerecht

6. 2052 : 3 = ________
7. 1771 : 7 = ________
9. 1854 : 6 = ________
10. 1785 : 5 = ________
11. 6472 : 8 = ________

senkrecht

1. 3983 : 7 = ________
2. 6687 : 9 = ________
3. 3708 : 4 = ________
4. 3828 : 6 = ________
5. 504 : 8 = ________
8. 711 : 9 = ________

Vorlage 56

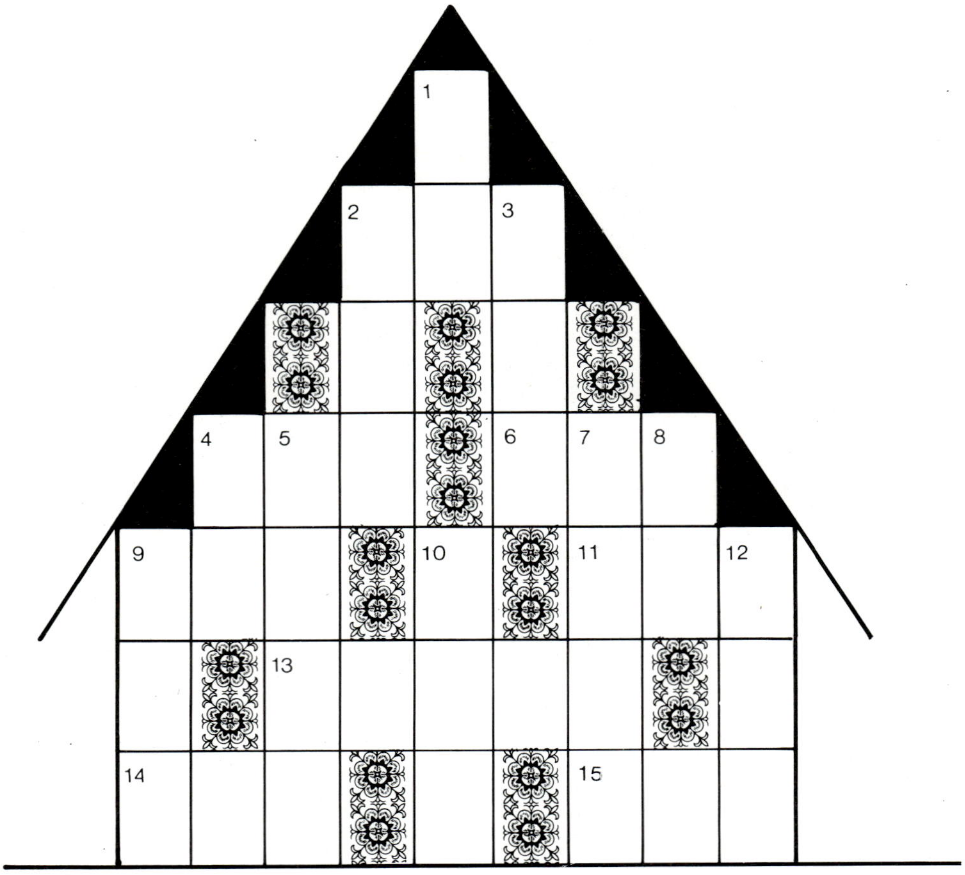

waagerecht:

2. multipliziere 27 mit 16
4. bilde das Produkt aus 51 und 13
6. bilde die Summe aus 359 und 538
9. multipliziere 34 mit 17
11. bilde die Differenz aus 752 und 514
13. addiere 27 358 und 2 765
14. multipliziere 16 mit 61
15. bilde die Differenz aus 2 271 und 1 723

senkrecht:

1. dividiere 161 durch 7
2. subtrahiere 258 von 741
3. bilde den Quotienten aus 894 und 3
4. dividiere 603 durch 9
5. addiere 2 571 und 4 265
7. subtrahiere 923 von 10 158
8. dividiere 511 durch 7
9. multipliziere 23 mit sich selbst
10. bilde die Summe aus 356 und 557
12. bilde den Quotienten aus 6 784 und 8

Vorlage 57 Mehrwert

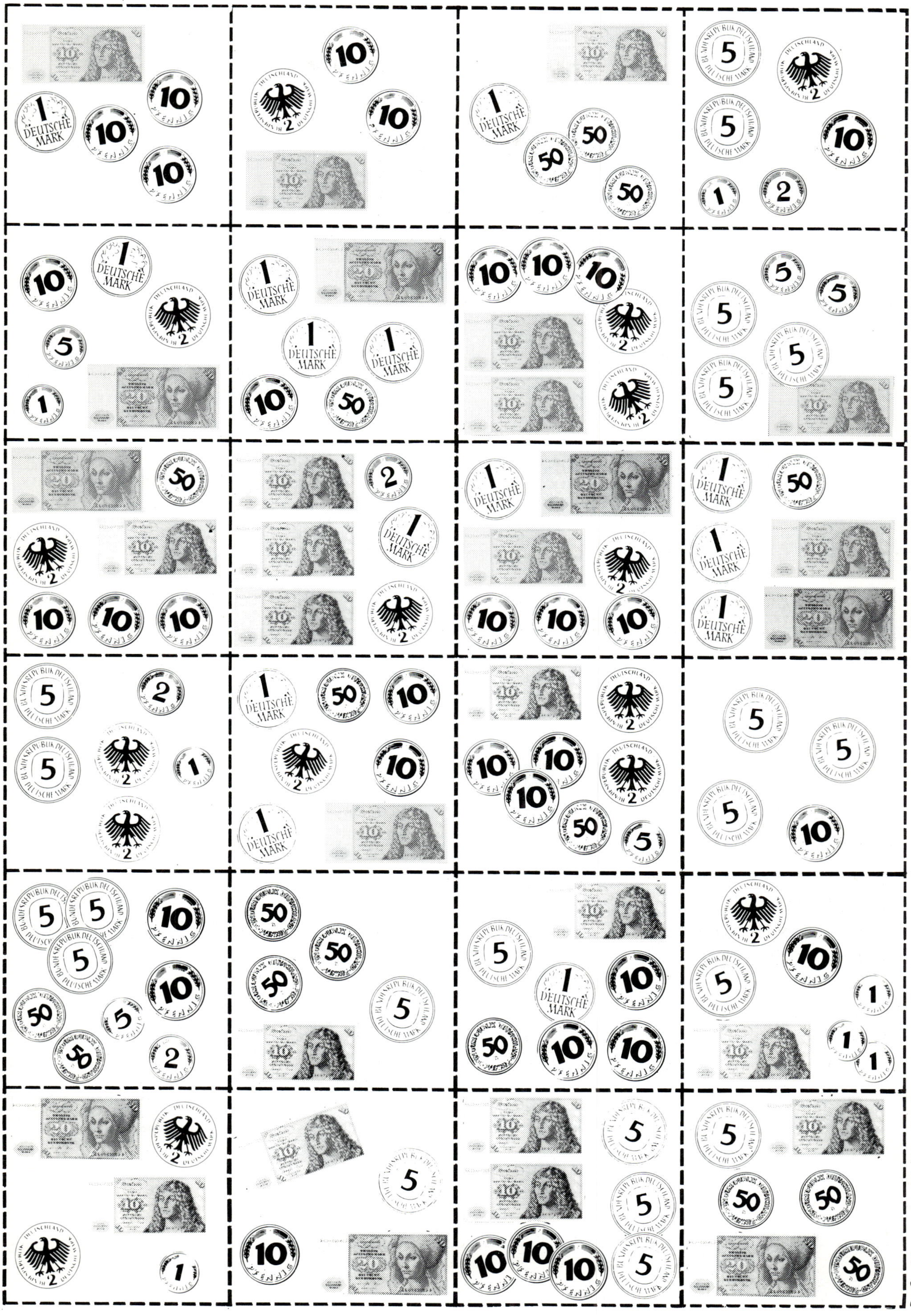

Nur gestrichelte Linien ausschneiden!

Vorlage 58 Gleichlang

53 mm 53 Millimeter	5,3 cm 5,3 Zentimeter	5300 m 5300 Meter	5,3 km 5,3 Kilometer
503 cm 503 Zentimeter	5,03 m 5,03 Meter	530 mm 530 Millimeter	53 cm 53 Zentimeter
3500 m 3500 Meter	3,5 km 3,5 Kilometer	305 cm 305 Zentimeter	3,05 m 3,05 Meter
35 dm 35 Dezimeter	3,5 m 3,5 Meter	350 mm 350 Millimeter	35 cm 35 Zentimeter

✂ Nur gestrichelte Linien ausschneiden!

Vorlage 58 Gleichlang

408 mm 408 Millimeter	40,8 cm 40,8 Zentimeter	480 dm 480 Dezimeter	48 m 48 Meter
480 m 480 Meter	0,480 km 0,480 Kilometer	408 cm 408 Zentimeter	4,08 m 4,08 Meter
8400 cm 8400 Meter	8,4 km 8,4 Kilometer	840 mm 840 Millimeter	84 cm 84 Zentimeter
804 cm 804 Zentimeter	8,04 m 8,04 Meter	84 dm 84 Dezimeter	8,4 m 8,4 Meter

✂ **Nur gestrichelte Linien ausschneiden!**

Vorlage 59 Zeitjux

3 Minuten vor Viertel vor 8 Uhr	17 Minuten vor 5 Minuten nach 11 Uhr	5 Minuten vor Viertel nach 3 Uhr	Viertel vor 10 Minuten nach 7 Uhr
8 Minuten vor 3 Minuten nach halb 6 Uhr	12 Minuten nach 11.03 Uhr	5 Minuten nach 20 Minuten vor 10.00 Uhr	8 Minuten nach 3 Minuten vor 7 Uhr
Viertel vor 5 Minuten nach 4 Uhr	12 Minuten nach 2 Minuten vor halb 1 Uhr	11 Minuten vor 6 Minuten nach 9 Uhr	20 Minuten vor Viertel nach 6 Uhr

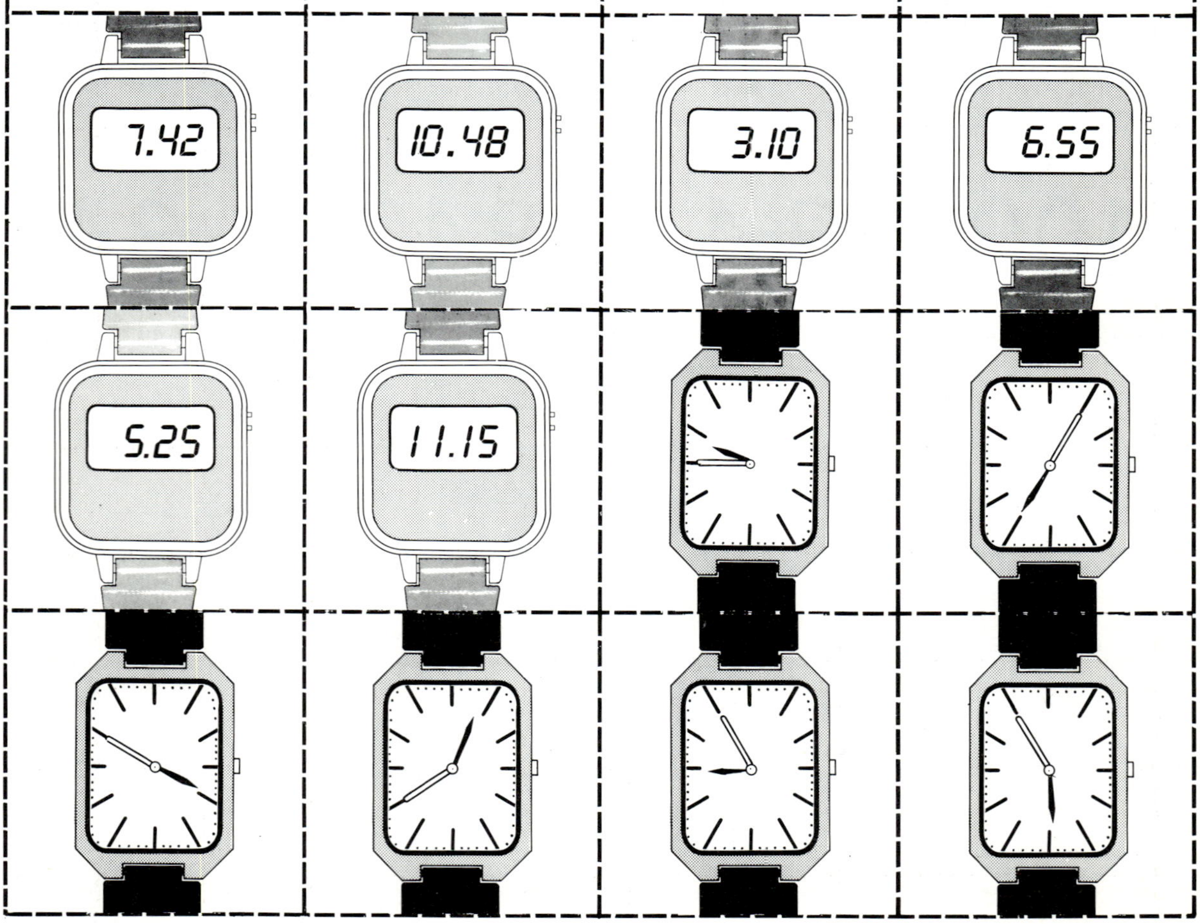

✂ Nur gestrichelte Linien ausschneiden!

Vorlage 60

Vorlage 61

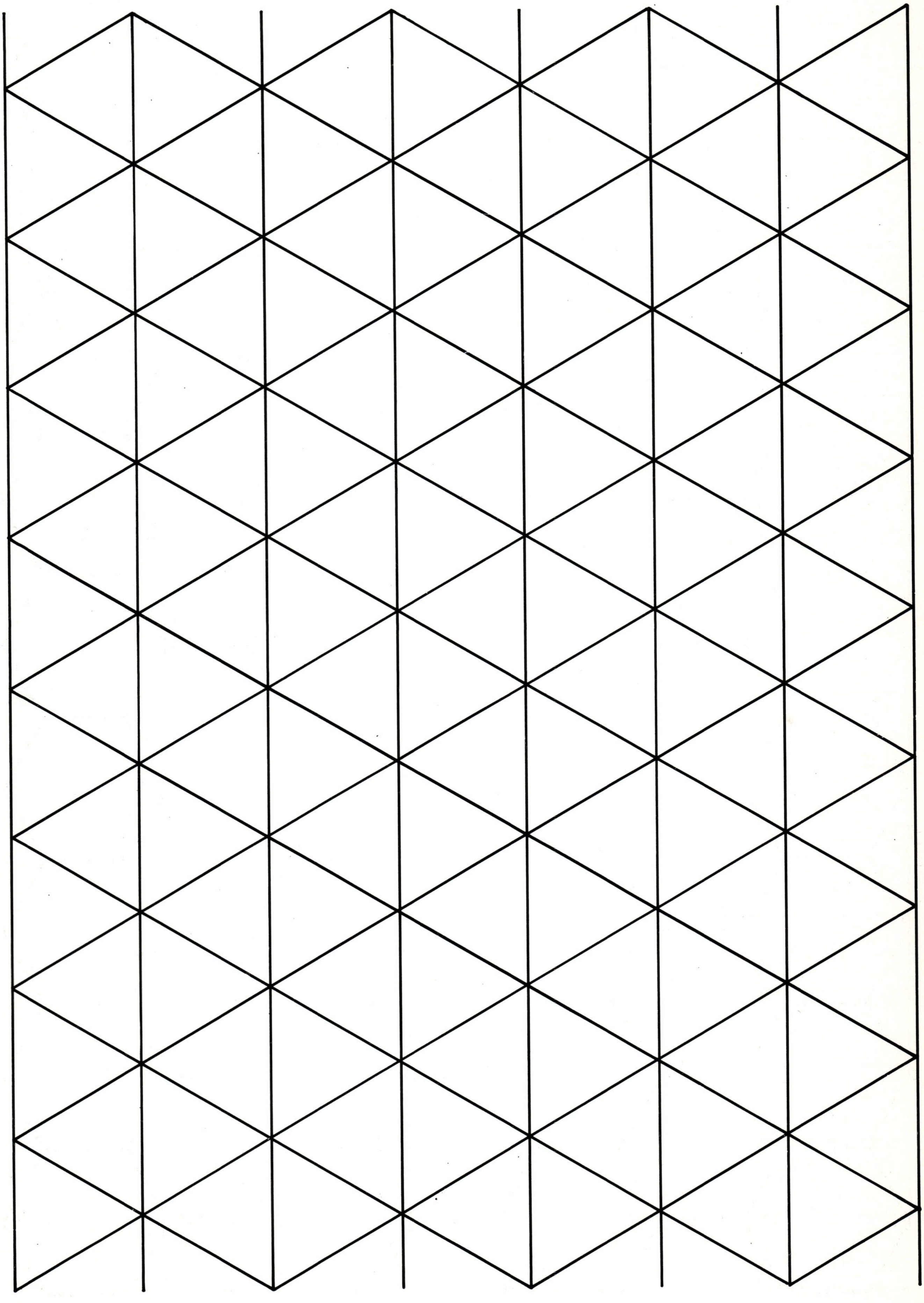

Vorlage 62

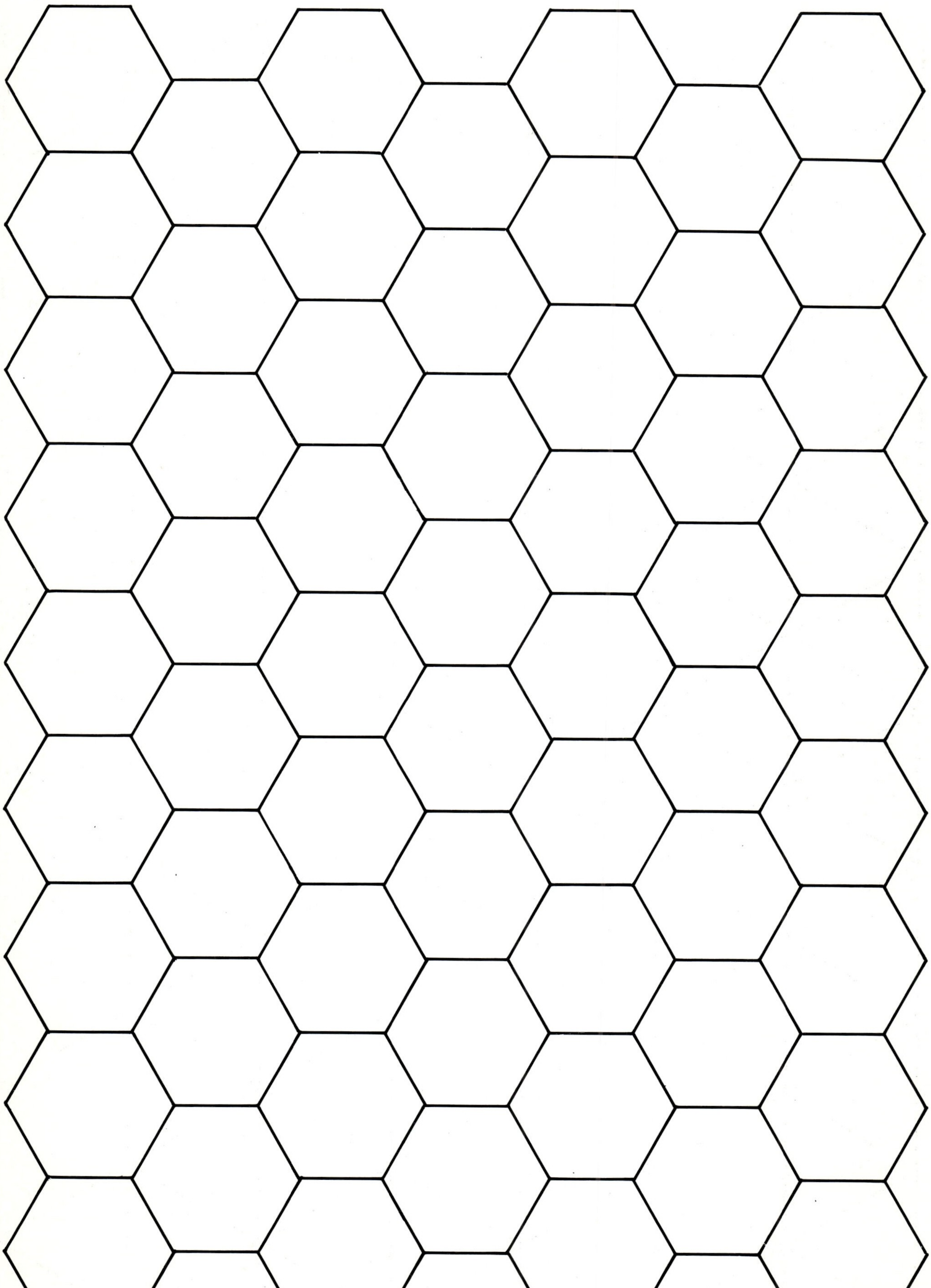

Vorlage 63 Elefant und Kaktus

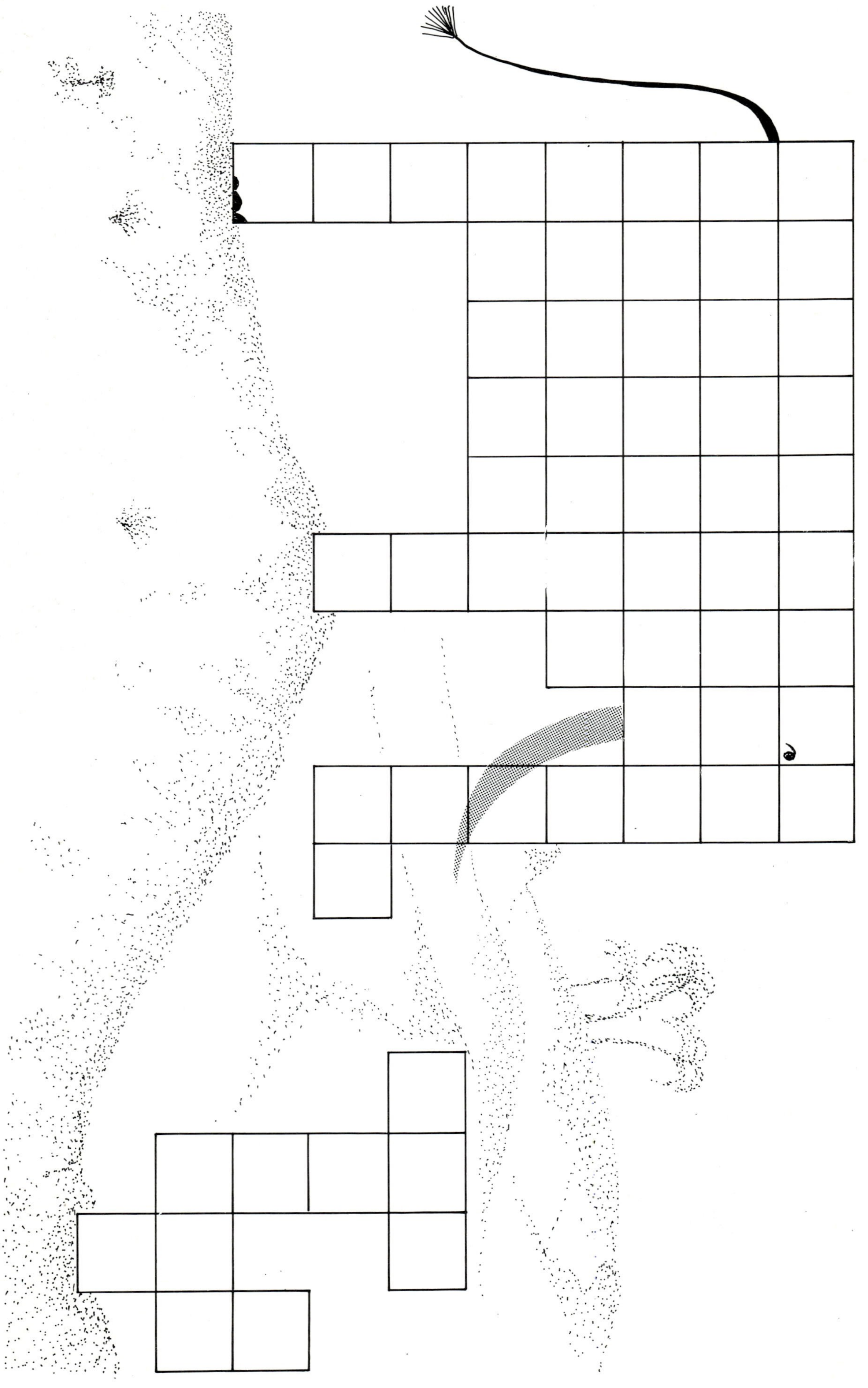